도대체 왜 직원들은 변하지 않는 거야?

뇌과학으로 경영하라

도대체 왜 직원들은 변하지 않는 거야?

뇌과학으로

김경덕 지음

경영하라

🌿피톤치드

추천사

저는 평소 '경영은 예술이다'라는 지론을 갖고 있습니다. 그런데 경영이 예술과 다른 점은 훨씬 더 과학을 활용한다는 점입니다. 저는 52년 동안 기업 경영을 하면서 고객의 마음을 얻고 직원의 열정을 사는 일이 얼마나 어려운 일인지 뼈저리게 느꼈습니다. 4차 산업혁명 시대에 사물인터넷과 인공지능 등을 활용한 디지털 대전환이 있지만 결국 경영에 있어 고객과의 관계와 정서를 어떻게 구축하느냐 하는 문제는 이전과 크게 달라지지 않았다고 생각합니다. 도리어 저는 기술이 발달할수록 인간의 관계는 전보다 더 중요해진다고 생각합니다.

그런 와중에 저자의 책을 접하게 되었습니다. 뇌과학을 경영에 접목하여 인간의 사고 회로를 파악하려는 저자의 시도가 신선한 충격으로 다가왔습니다. 오랜 기간 경험한 지식과 지혜가 첨단 뇌과학의 이론에 비추어 틀리지 않았다는 사실을 깨닫게 되면서 신기한 느낌마저 들었습니다.

이 책은 세계적인 IT기업에 몸담아왔던 저자의 경영 철학이나 개인적인 소회를 전하는 단순한 책이 아니라 경영을 뇌과학으로 풀이한 소중한 책입니다. 새로운 기술이 빛의 속도로 생기고 사라지는 시대에 기업과 조직을 이끄는 경영진뿐만 아니라 관리자, 구성원, 직원 모두에 이르기까지 일독을 해야 하는 책이라고 생각합니다. 이 책을 통해 사람과 사물을 바라보는 시선이 달라지고 더불어 뇌과학적 지식을 함께 배우는 즐거움도 얻을 수 있기를 바랍니다. 또한 엄청난 정보가 생성되고 수많은 새로운 사업기회가 창출되기를 기원합니다.

이승한

(숙명여자대학교 재단이사장, N&P회장, 前 홈플러스 회장)

세상의 변화를 즐길 수 있는 멋진 책을 마주하고 뿌듯한 희열을 느꼈습니다. 뇌의 원리를 쉽게 써 내려가서 우선 재미있었고, 이를 통하여 인간의 뇌가 어떻게 경영에 다양하게 반응하는지를 여러 사례를 통해 흥미롭게 읽을 수 있었습니다. 수

많은 뇌과학 관련 책들이 출간되고 있지만, 이 책은 특이하게도 뇌과학과 경영을 유의미하게 펼친 무척 귀하고도 소중한 책입니다. 저자는 다국적 기업에서 다양한 경영 환경을 겪으면서 뇌에 대한 깊은 통찰과 경험, 환경에 의해 달라지는 뇌의 속성이 결국 경영에 어떤 영향을 미치는지를 관조할 수 있게 해주었습니다. 이 책은 뉴노멀의 시대 경영의 막힌 담을 열어주는 귀한 책입니다.

김승남
(조은시스템, 잡코리아, 조은i&s, 조은문화재단 창업자)

평소 저자의 경영 철학과 소명 의식, 남다른 전문성, 거기다 직원들을 아끼고 사랑하는 따뜻한 마음을 익히 알고 있었습니다. 전문 경영인으로 정보통신업계를 끌어 오신 내공과 저력을 멀리서나마 응원해 왔습니다. 그리고 『뇌과학으로 경영하라』를 출간 전 먼저 읽을 기회를 얻게 되며 더욱 놀랐습니다. 하루 25시간이 있어도 모자를 만큼 바쁜 저자의 열정을 느낄 수 있었습니다. 신선한 놀라움을 넘어 의아함과 호기심으로 책을 펼쳐 들었습니다. 뇌과학에 대해 알기 쉽게 설명했을 뿐 아니라 무엇보다도 뇌과학 이론들을 경영에 적용한 부분에서는 무릎을 치며 감탄할 수밖에 없었습니다. 평소 가지고 있던 고민과 어려움을 해결할 수 있는 솔루션을 얻는 시간이었습니다. 현재 조직의 변화를 이끄는 모든 리더에게 본서를 강력하게 추천합니다.

홍원기
(POSTECH 교육혁신센터 센터장 및 컴퓨터공학과 교수)

우연한 기회에 『뇌과학으로 경영하라』을 접하게 되었습니다. 저자는 글로벌 회사의 경영인으로 잘 알려지신 분이라 뇌과학을 어떻게 경영 현장에 접목하실까 하는 호기심과 기대감으로 책을 펼쳤습니다. 책을 읽으며 한 장 한 장에 묻어 있는 저자의 박학한 뇌과학 지식과 통찰력을 느낄 수 있었습니다. 또한 이를 바탕으로 급속하게 변화하는 기업 현장에서 직원들의 실질적인 변화를 기대할 수 있는 새로운 경영 기법과 코칭 방법을 제시하고 있었습니다. 뇌공학을 연구하는 저도 빠져들게 하고 고개를 끄떡이게 만드는 유익한 책이었습니다. 여러분의 일독을 권합니다.

예종철
(KAIST 바이오및뇌공학과 교수)

경영자로 직원들을 교육하고 관리하는 일을 하다 보니 어떻게 하면 직원들을 효과적으로 교육할지, 우수한 성과를 내게 하기 위해 어떻게 직원들을 이끌어 갈지에 대한 고민을 항상 하고 있었습니다. 더욱이 최근에는 조직 내 MZ세대의 비중이 증가하여 세대 간 차이로 인한 갈등을 극복하고 그들의 재기발랄한 잠재력을 어떻게 활용할지에 대한 고민이 있었습니다. 그러던 차에 『뇌과학으로 경영하라』를 읽게 되었습니다. 이 책을 통해서 사람들은 각기 다르다는 명제를 다시 한번 이해하며, 한 사람의 생각과 행동을 바꾸는 것이 생각보다 훨씬 어렵다는 사실도 확인하였습니다. 그리고 그동안 진행되었던 교육들의 효과가 왜 미진했는지 이유도 알게 되었으며, 세대 간의 차이를 인정하고 경영하는 방안에 대한 해결책도 제언 받을 수 있었습니다. 직원 개인을 폭넓은 시각으로 이해하며, 성과를 내는 조직으로 성장하길 원하는 경영인들에게 일독을 자신 있게 권합니다.

김중원
(농심데이타시스템 대표)

뇌과학이 말하는
경영의 모든 것

"뇌에 대한 연구보다 인간에게 더 중요한 과학적 탐구는 존재하지 않는다.
우리가 가진 우주의 전체적인 관점은 모두 뇌에 의존한다."

프랜시스 크릭Francis Crick

혁신,

창조적 파괴,

가치 창조,

우리는 이런 용어에 이미 익숙하다. 전 세계 모든 산업 분야
에서 이 용어는 이제 지상명제로 여겨져서 구호처럼 메아리
치고 있다. 그러면 왜 이런 현상이 일어나는 걸까? 혁신, 창조
적 파괴, 가치 창조가 없으면 더 이상 살아남지 못할 것 같은
절박함 때문이다. 대표적인 글로벌 컨설팅 회사들의 미래 예

측을 보자. 이들은 앞으로 10~20년 내에 세계적인 대기업조차 평균 수명이 10년 남짓으로 대폭 줄어들고 현존하는 기업의 과반수가 사라진다고 한다. 이러한 변화의 주된 원인은 4차 산업혁명을 견인하고 있는 디지털 기술이 급속하게 발전하기 때문이다. 인류가 탄생한 이후로 만들어진 정보의 90퍼센트 이상이 최근 3년 동안에 생성되었고, 이렇게 만들어진 정보들은 사물인터넷(IoT), 모바일, 4G/5G 등 인프라를 통하여 확산되고 재생산되고 있다. 그야말로 과거 5억 7천만 년 전에 일어났던 캄브리아기에 지구상의 생명이 폭발처럼 생겨나듯이 엄청난 정보들이 생성되고 있는 셈이다. 이 넘쳐나는 정보를 연료로 해서 수많은 사업 기회들이 창출되고, 신생기업들이 우후죽순 창궐할 것으로 예측하고 있다. 이러한 혁명적인 변화가 사람들에게 더 많은 선택과 기회를 제공하지만, 다른 한편으로는 기존의 산업 생태계나 기업들이 가지고 있는 비즈니스 모델에는 생존을 위협할 정도의 심각한 도전이 되고 있다.

혁신을 하고, 이윤을 극대화하기 위해 가치를 창조하고, 기존의 낡은 것을 버리고 새로운 것을 탄생시키는 창조적 파괴가 일어나기 위해서는 변화가 전제되어야 한다. 기업이든 개인이든 현재의 모습과 다르게 변해야 한다. 누구나 변화를 말하고 혁신을 강조한다. 그런데 과연 우리는 필요한 만큼 변화할 수 있을까? 그리고 그 변화를 통해 혁신을 이끌 수 있을까?

필자는 30년 남짓 기업 일선에서 각종 산업 분야에 종사하는 고객들과 파트너를 상대로 비즈니스를 해왔다. 또한 회사 내 임직원들에 대한 각종 멘토링이나 트레이닝 프로그램에 참여했다. 개인적으로는 2년에 걸쳐 글로벌 차원에서 진행하는 임원 양성 과정에도 참여하여 집중적인 훈련도 받았다. 그렇다면 임직원들이 코칭받은 대로 변했거나 훈련받은 대로 행동하고 생각을 바꾸었을까? 안타깝게도 그 답변은 그닥 긍정적이지 않다. 사람을 변화시키는 일은 결코 쉽지 않다. 잠깐 변화의 모습을 보였다가도 곧 고무줄처럼 다시 원래의 모습으로 돌아온다. 기업이 제시하는 기존의 코칭이나 트레이닝 방법으로는 변화를 꾀하기가 어렵다는 것을 체험했다.

혁신하기 위해서는 조직이 변해야 하고, 조직이 변하기 위해서는 조직을 이루는 개인이 변해야 한다. 결국 모든 조직의 혁신은 개인을 어떻게 변화시킬 것인가로 귀결된다. 그러면 개인이 잘 변하지 않는 이유는 무엇일까? 이에 대한 피타고라스 정리를 찾고 싶었다. 사물의 움직임을 물리학 법칙을 이용하여 정확히 측정하고 미래를 예측하는 것처럼, 인간의 사고나 행위를 유발하고 변화시키는 일정한 작동 원리가 있지 않을까? 그 단서를 찾을 수만 있다면, 인간의 사고나 행위를 예측할 수 있을 것이고, 더 나아가 원하는 방향으로 사람들을 이끌 수도 있다는 생각이 들었다. 결국 인간의 사고와 행위를 결정하는 것은 뇌라는 것과 사고와 행위의 동인과 예측에 대한 답도 뇌에서 찾을 수밖에 없다는 결론에 도달하게 되었다.

뇌에 대한 이해는 개인적인 차원의 논의를 넘어서 개인이 속한 조직이나 사회, 그리고 이를 이끄는 리더에 대한 논의와도 자연스럽게 연결이 되었다. 개인적인 공부가 조직 경영에까지 이르자, 필자는 그간의 경영 지식과 경험을 살려 뇌과학과 경영을 연결한 책을 쓰고 싶어졌다. 이 책은 바로 이런 과정 속에서 탄생했다. 이 책은 각 개인의 뇌가 비슷한 듯 하지만 사실 서로가 다른 이 세상에서 유일무이한 존재라는 것을 강조하고 있다. 이런 이유로 지구상에는 78억 5천 개 이상의 다른 뇌들이 존재하면서 다르게 사고하고 있다.

20세기 중반까지만 해도 한번 형성된 인간의 뇌를 변화시키는 것은 불가능하다고 알려졌다. 하지만 다행히 최근 20년간의 연구 결과에 따르면, 뇌가 가진 가소성neuroplasticity으로 인해 후천적인 경험과 노력으로 뇌를 바꿀 수 있다고 한다. 한번 타고난 뇌는 바뀌지 않는다는 숙명론을 깨뜨리는 것이라 다행이다. 하지만 본문에서 다루겠지만 이것도 마냥 장밋빛 미래를 보장하지는 않는다. 뇌의 궁극적인 역할은 정확한 의사결정이다. 의사결정은 객관적이고 이성적이어야 한다. 이를 위해서는 뇌의 의사결정에 영향을 미치는 의식적, 무의식적 요소들과 작동 원리를 알아야 한다. 뇌의 작동은 의식적 자각을 동반하지 않는 경우가 허다하다. 의사결정을 하는 과정에서 우리가 모르는 무의식 세계가 밑바닥에서 끊임없이 작동하고 있음을 항상 생각해야 한다. 조직의 리더가 갖는 중요한 역할은 직원 개인들이 가지고 있는 가능성을 최대한 끌어내기 위한 긍정적인 환경을 조성하는 것이다. 그럼으로써 직원 각자가 가지고 있는 뇌 시스템들이 최대로 활발히 작동할수 있게 해야 한다.

처음에 글을 쓸 때는 개인이나 조직이 갖고 있는 문제점들, 그리고 뇌과학적 측면에서 이에 대한 해결 방안들을 제시하는 순서로 원고를 작성했다. 하지만 그렇게 완성된 원고가 보고서나 학술 논문처럼 딱딱하고 재미가 없어서 책으로 출판하기 어려웠다. '뇌과학을 모르는 사람도 충분히 이해할 수 있게 다시 쓰자.'라는 심정으로 처음부터 다시 썼다. 책을 쓰면서 여러 번 고비도 있었다. 뇌과학자가 아니다 보니 뇌와 관련된 전문적인 지식이 부족했고, 이를 경영에 접목시키려니 견강부회한 부분도 곳곳에서 튀어나왔다. 게다가 뇌과학은 하루가 다르게 새로운 연구가 쏟아지고 있는 분야다 보니, 어제까지 사실로 받아들여진 연구 결과가 오늘에 와서 바로 뒤집히는 경우도 종종 있었다. 급속히 변하는 뇌과학 분야와 최신 정보를 모두 아는 것이 쉽지가 않았다.

뇌과학에 대한 새로운 이론이나 발견에 집중하기보다는 기존에 알려져 있는 뇌에 대한 정보와 지식들을 수집하고 이를 정리하여 공학도 출신의 경영자답게 필자의 비즈니스 경험과 연계시키는 부분에 좀 더 신경을 썼다. 또한 뇌과학과 관련되어 있는 심리학과 유전학 이론을 많이 언급했으며 독자의 이해와 흥미를 위해 영화 내용도 포함했다. 논리적 비약도 다분히 있을 수 있고, 철 지난 뇌과학 이론을 가져다가 지론을 펴는 부분도 있다. 다만 지금까지 시중에 뇌과학과 경영을 연계시킨 서적이 드물고 직접 경영에 뇌과학 이론을 적용한 사례도 본 적이 없어 남들이 시도하지 않은 새로운 분야에 첫 발을 내딛는다는 마음가짐만 잊지 말자고 스스로에게 조언하면서 집필에 임했다.

이 책의 내용을 보면, 먼저 1장에서는 사람들이 각기 다를 수밖에 없는 이유를 신경세포의 구조와 신경 전달 원리 및 내부 모델의 이론을 이용하여 설명한다. 2장에서는 한 번 형성된 개인의 특질과 성향이 변하지 않는 이유를 설명한다. 3장에서는 우리가 상식적으로 알고 있는 뇌에 대한 지식과는 전혀 다른 연구 결과들을 살펴보고 사물의 실체가 뇌에 의해 어떻게 변형 또는 왜곡되는지 소개한다. 4~9장, 그리고 11장은 특히 기업이라는 조직 내에서 흔히 일어나고 있는 대표적인 현상이나 문제를 뇌과학의 관점을 통해 조명하고 문제의 원인과 해결책을 모색한다. 10장에서는 각기 다른 성장 배경과 가치관을 가지고 있는 세대 간의 차이를 이해하고 협업할 수 있는 방안을 간단히 알아보았다. 마지막 12장에서는 개인을 바람직한 방향으로 변화시키는 방안에 대해서 제시하며 나아가 사회 환경 또는 시스템 개선에 대해 설명하며 책을 마쳤다. 현재의 시점에서 연구된 뇌과학의 성과들을 인용했지만, 현재에도 바뀌고 있고 곧 시간이 지나면 또 다른 연구 결과가 나올 수 있다는 것을 책을 읽으면서 염두에 두었으면 좋겠다.

마지막으로, 책 쓴다는 핑계로 게으르고 신경이 곤두선 남편을 항상 묵묵히 이해하고 도와준 사랑하는 아내에게 감사의 마음을 전한다. 또한 자식들에게 모든 것을 베푸시고 지금은 하늘나라에 계신 사랑하는 어머니께 이 책을 바친다. 무엇보다 나의 모자람을 일깨워 주고 배움에 대한 영감의 원천이 되어준 직장 선후배, 경쟁과 성장 위주의 왜곡된 사회의 각 자리에서 최선을 다해 자신의 삶을 영위하고 있는 모든 분들께 이 자리를 빌려 감사의 말씀을 드리고 싶다.

2021년 11월
김경덕

목차

1부

뇌과학
Theoria

2부
뇌경영학
Praxis

3부

뇌행동학
Application

1부
뇌과학

Theoria

1장

왜 사람들은 각기 다를까
—단 0.1퍼센트의 차이—

인간의 뇌는 우리가 알고 있는 물질 중에서 가장 복잡한
조직이다.

아이작 아시모프Isaac Asimov

잭 유피Jack Yufe와 오스카 스톨Oscar Stohr은 일란성 쌍둥이다.
생물학적으로 '일란성 쌍둥이identical twins'란 수정된 한 개의 난
자에서 둘로 나뉘어 자란 쌍생아를 일컫는다. 그래서 이들을
유전적으로 완전 '동일하다'고 말하는 것이다. 두 사람은 스페
인의 항구도시 트리니다드Trinidad에서 1933년 1월 16일 태어났
다. 그런데 출생의 기쁨도 잠시, 쌍둥이 형제에게는 뜻하지 않

은 운명이 기다리고 있었다. 태어난 지 채 6개월도 되지 않아, 이들 부모가 갈라서게 되면서 생이별을 하고 말았기 때문이다. 오스카는 가톨릭 신자인 어머니와 할머니를 따라 독일로 갔고, 잭은 유대인이었던 아버지를 따라 대서양을 건너 미국으로 갔다. 이렇게 둘은 우리나라 막장드라마에서 거의 빠지지 않고 등장한다는 '출생의 비밀'을 고이 간직한 채 이역만리 떨어진 곳에서 유년기를 보낸다.

둘은 성인이 될 때까지 서로의 존재를 알지 못한 채 지구 반대편에서 각자의 삶을 살아간다. 형인 오스카는 히틀러가 집권하던 독일 제3제국 시대에 살면서 자신의 부계父系에 흐르는 유대인의 피를 숨기려고 나치당에 가입한다. 의식적으로든 무의식적으로든 철저하게 아버지의 흔적을 지우려고 히틀러의 선전대에서 활동한다. 반면 아버지의 손에 맡겨진 잭은 전쟁의 엄혹한 환경 속에서 생존을 위해 "하일, 히틀러!"를 외치던 형과는 전혀 다른 환경에서 자란다. 다양한 사업을 통해 꽤 많은 돈을 번 아버지 덕분에 자유분방하게 남미와 이스라엘, 그리고 다시 미국으로 옮겨 다니며 유복한 유대인 청년으로 성장한다. 심지어 이스라엘 해군에 입대해서 장교로 임관할 정도로 유대인의 정체성을 잃지 않았다.

동일한 유전자를 나눠 가진 형제의 운명이라고 해야 할까, 아니 숨기려고 해도 숨길 수 없는 유전적 끌림이라고 해야 할까? 그렇게 영원히 잊힐 것만 같았던 두 사람의 역사는 어느 날 대서양을 사이에 두고 동시대를 살았던 서로의 존재를 인식하게 되면서 새로운 국면을 맞게 된다. 여기에는 미네소타쌍둥이 연구소의 힘이 컸다. 태생이냐 환경이냐Nature or Nurture를 두고 해묵은 논쟁을 벌이던 학계에서 둘은 너무 훌륭한 생물학적 연구 대상이었기 때문이다. 그렇게 태어나자마자 본의 아니게 헤어진 형제는 21살이 되던 해, 처음 서로의 얼굴을 보게 된다. 잭은 형 오스카가 사는 독일로 날아가 처음 마주했을 때, 마치 거울을 보는 것과 같았노라고 회상했다. 오스카는 잭이 들고 온 짐가방에 이스라엘 입출국 꼬리표가 붙어있는 것을 보고는 그것을 신경질적으로 떼어내며 "어디서 왔냐고 물어보면 미국에서 왔다고 해."라고 쏘아붙였다. 첫 만남치고는 고약한 구석이 있었다.

이전까지 한 번도 만난 적도, 미리 상의한 적도 없었는데, 둘은 똑같은 모양의 콧수염을 기르고 동일한 철사 안경테를 쓰고 있었다. 게다가 유사한 밝은 색의 스포츠 재킷을 입고 있었는데, 바깥으로 버튼이 두 개 달린 것까지 똑같았다. 둘은 그런 서로를 응시하며 한동안 넋이 나간 사람처럼 말을 잇지 못했다. 마치 아주 오래전부터 익히 알고 있던 형제들처럼. 그렇게 서로의 안부를 물으며 말을 섞던 형제는 특이한 식습관부터 변덕스럽고 괴팍한 성격, 재채기를 크게 해서 주위 사람을 놀래주는 것까지 꼭 닮았다는 걸 알게 된다. 아내에게 종종 소리 지르는 것, 텔레비전 앞에서 잠이 드는 것, 책을 읽으면 고집스럽게 맨 앞 장부터 마지막 장까지 읽는 것, 버터와 매운 음식을 좋아하는 것, 화장실을 쓸 때면 먼저 물을 한 번 내리고 용변을 보는 것, 땅콩버터를 바른 토스트를 커피에 찍어 먹는 것, 손목에 아무 이유 없이 고무줄을 감고 다니는 것까지 일치했다. 도플갱어Doppelgänger라는 말은 아마도 이들을 두고 하는 말일 게다.[1]

이렇게 뼛속까지 닮았던 두 사람의 관계는 어떠했을까? 오스카는 전후 일생을 독일에서 광부로 보냈고, 자신이 히틀러 유겐트Hitlerjugend였다는 사실을 평소 자랑스럽게 생각했다. 반면 잭은 자유민주주의를 신봉하는 미국인이자 유대인으로서의 정체성을 뽐내며 살았다. 그는 아버지를 닮아 청바지를 파는 사업가로 크게 성공하여 자신의 회사를 세우는 사업 수완을 보였다. 둘은 너무나 닮았지만 평생 애증의 관계로 살았다. 둘은 서로의 존재를 그리 달가워하지 않았고, 심지어 대놓고 없어졌으면 하고 바랐다. 오스카는 자신에게 유대인 형제가 있다는 것에 불편함을 넘어 증오심을 가졌으며, 잭은 쌍둥이 형제가 자신의 주적이자 악명 높은 전범戰犯의 선전대 노릇을 했다

---

[1] 도플갱어: 독일어로 '쌍으로 돌아다니는 자'라는 뜻으로 같은 공간, 같은 시간에 자신이 자신을 보고 있는 것 같은 현상을 지칭하는 용어이다.

는 데에 경악했다. 1997년, 오스카가 폐암으로 죽었다는 소식을 듣고도 잭은 장례식장에 가지 않았다. 평소 오스카는 종종 전투기를 몰며 자신의 동생인 잭을 쏴서 격추시키는 꿈을 꾸었다고 한다. 잭 역시 형을 총검으로 찔러 죽이는 꿈을 자주 꾸었다고 하니 서로 비긴 셈일까?

좌측부터 잭 유피와 오스카 스톨 학계는 동일한 유전자를 지녔으나 전혀 다른 환경에서 살았던 두 사람을 연구하고 싶어 했다. (출처: google.com)

　둘은 그렇게 4일 간 만나고 덤덤하게 악수를 나누며 공항에서 헤어졌다. 한 사람은 독일어, 다른 한 사람은 영어만을 쓰다 보니 중간에 통역자 없이는 서로 말도 통하지 않았다. 멋쩍은 미소와 오랜 침묵, 그것이 3박4일 간 쌍둥이 형제의 대화 방식이었다. 그 이후 25년 동안 형제는 단 한 번도 재회하지 않았다. 같은 것 같지만 너무나도 다른 존재에 대한 불쾌감이 서로의 존재를 수용하기 꺼려했는지 모르겠다. 둘의 만남을 주선했던 미네소타쌍둥이연구소는 오스카와 잭 형제에 비상한 관심을 가졌기 때문에 형제의 만남과 인터뷰를 보고서로 남겼다. 동일한 유전자를 가졌으나 전혀 다른 환경에서 자란 둘을 연구하면 한 인간이 유전(태생)과 환경(경험) 사이에서 어디에 놓이는지 알 수 있을 거라고 믿었던 것이다.

• 미네소타쌍둥이연구소 •

미네소타대학은 1979년부터 쌍둥이의 유전성에 대한 연구를 진행해왔으며, 1989년 공식적으로 쌍둥이연구소(MCTFR)를 설립해 지금까지 2,000여 쌍 이상의 쌍둥이를 연구해왔다. 연구소에 따르면, 지능에 미치는 유전적 영향이 유아 때는 20퍼센트에 불과하지만 아동은 40퍼센트, 청소년은 50퍼센트, 성인은 60퍼센트, 노인이 되면 거의 80퍼센트나 된다고 한다. 이후 미네소타대학은 쌍둥이 연구에 메카가 되었다. 미네소타를 연고지로 두고 있는 메이저리그 팀의 명칭마저 '미네소타 트윈스(Minnesota Twins)'인 것은 우연치고는 의미심장하다.

이런 다름을 어떻게 설명할 수 있을까? 일란성 쌍둥이조차 비슷한 것 같아도 결국 넘어설 수 없는 차이가 존재하고, 동일

한 배아에서 나온 개체들의 유전자도 뛰어넘을 수 없는 차이가
존재한다.

초파리가 노벨상을 탄다면

데이비드 크로넨버그 감독의 「더 플라이」는 B급 영화치고
꽤 흥행에 성공했다. 주인공 세드는 평소 할리우드 영화가 그
리는 괴짜 과학자의 전형을 보여주는 인물이다. 세드는 오랜
연구 끝에 물체를 원자 단위까지 분해하여 전송하는 기계 '텔
레포드'를 발명한다. 편집증적인 열등감에 사로잡혀 그간 여자
친구도 제대로 사귀지 못했던 자신을 먼저 개조하고 싶었던 세
드는 막 개발을 끝낸 따끈따끈한 텔레포드에 들어갈 첫 번째
인간 피실험자로 자신을 선택한다. 원숭이 전송 실험으로 확신
을 얻은 그의 마루타 정신은 이렇게 겁 없이 자신을 실험도구
로 만든다. 그러나 실오라기 하나 걸치지 않은 맨몸으로 자신
만만하게 전송기에 들어간 세드는 공교롭게 기계 안에 파리가
날아들어간 사실을 꿈에도 모른 채 실행 버튼을 누르고 만다.
영화는 주인공이 흉측한 벌레로 변해버린 이유조차 제대로
말해주지 않는 카프카의 소설보다 그나마 양반이라고 해야 할
까? 카메라는 주인공이 홀딱 벗고 들어간 전송기의 창문에 붙

은 초파리 한 마리를 친절하게 클로즈업해준다. 그로부터 얼마 안 있어 세드는 자신의 몸 안에 파리의 유전자가 섞여 들어가는 엽기적인 사고로 인해 점차 파리로 변하는 자신을 발견하고 경악한다. 손톱이 갈라지고 피부에 물집이 생기며 등에는 촉수가 자라기 시작한다. 모든 게 초파리 한 마리 때문이었다! 텔레포드 발명에만 정신이 팔려 있던 주인공 과학자에게 평소 너저분한 연구실을 치울만한 시간이 없었던 걸까? 세드는 그렇게 졸지에 '파리인간'으로 변신한다.

　인간이 파리가 된다는 설정으로 대중에게 충격을 줬던 영

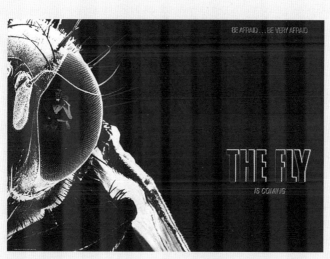

인간이 파리가 된다는 기괴한 설정으로 나름 흥행에 성공한 영화 「더 플라이」의 포스터
(출처: google.com)

화 「더 플라이」는 초파리 한 마리가 인간에게 얼마나 큰 변화를 줄 수 있는지 보여주었지만, 사실 과학자에게 초파리는 매우 친숙한 곤충이다. 스웨덴 노벨상위원회가 노벨 생리학상을 초파리에게 수여한다면, 전 세계 생물학자들은 환호할지도 모른다. 초파리는 지금껏 인류가 유전자를 연구하고 게놈 지도를 완성하는 데 없어선 안 될 일등공신이었기 때문이다. 소싯적 생물 교과서에 어김없이 등장하던 초파리 사진은 노벨 생리의학상을 수상한 토머스 헌트 모건Thomas Hunt Morgan 박사가 실험에 활용했던 초파리들이다.

인간과 초파리는 60퍼센트 동일한 DNA를 가지고 있다. 게다가 치매나 당뇨, 자폐증, 암 등 인간이 흔히 걸리는 5대 질병 중에서 대략 75퍼센트가 초파리 유전자에서도 관찰 가능하다고 한다. 그런데 이런 유사성을 가진 존재인데도 생명 주기는 고작 2주에 불과하다. 암수 초파리를 배양 상자 안에 넣어 두고 이틀이면 곧바로 2세대를 얻을 수 있다. 모건과 같은 생물학자들이 초파리를 가지고 유전학을 연구해왔던 이유다. 어쩌면 영화 속 주인공 세드도 먼저 초파리를 가지고 실험을 감행했는지도 모른다. 그뿐 아니다. 23쌍인 인간의 DNA와는 달리 초파리의 DNA는 고작 4쌍 밖에 없는 것도 학자들의 연구를 용이하게 만드는 중요 이유이다. 쥐처럼 인간에게 유해하거나 혐오스럽지도 않다. (여기서 영화의 기괴한 파리 분장은 잠시 잊어 두자!) 채집도 쉽고 먹이조차 많이 들지 않으니 연구비도 획기적으로 아낄 수 있다. 이처럼 초파리가 과학자들에게 유독 환영받는 데는 다 그만한 이유가 있던 셈이다.

• 토머스 헌트 모건 •

미국의 생물학자로 평생에 걸친 초파리 연구를 통해 생물의 유전형질을 나타내는 유전자가 쌍을 이루어 염색체에 선상배열을 하고 있다는 사실을 밝혀냈다. 그는 암컷과 수컷의 염색체 쌍이 다르다는 네티 스티븐스(Nettie Stevens)의 연구 결과를 이용하여 초파리들을 교배하고 눈 색깔에서 돌연변이가 일어난다는 사실을 실험으로 입증하여 유전자의 역할을 확인했다. 모건은 염색체 지도를 완성한 공로로 1933년 노벨 생리의학상을 수상했다.

실험용 쥐를 대상으로 1년 넘게 걸리는 연구가 초파리로는 고작 3주면 충분했으니 과학자들이 초파리를 좋아할 수밖에. 여기서 일란성 쌍둥이 오스카와 잭을 추적 연구하는 데 수십 년이 걸렸다는 사실을 염두에 둘 필요가 있다. 게다가 초파리는 다른 개체보다 돌연변이 비율이 높다. 돌연변이 비율이 높다는 건 그만큼 유전자의 역할을 규명할 수 있는 여지가 많다는 것이다. 인간처럼 복잡한 개체에서 변이를 추적하는 일은 여간 어려운 일이 아니지만, 초파리는 날개가 말리거나 눈 색깔이 바뀌는 등 특징적인 돌연변이가 외관상 쉽게 구분되기 때문에 상대적으로 연구가 쉽다. 이제껏 초파리 연구로 많은 과

학자들이 노벨상을 받은 사실이 이를 입증한다. 1946년, 허먼 조지프 멀러Hermann Joseph Muller는 초파리 실험을 통해 엑스레이가 돌연변이를 유발할 수 있다는 사실을 밝혀 노벨 생리의학상을 수상했다. 1995년에는 에드워드 버트 루이스Edward Butts Lewis 등 세 명의 공동 노벨상 수상자가 초파리를 통해 초기 배아 발생 과정에서의 분화를 조절하는 호메오박스homeobox를 발견한 공로를 인정받았다. 2004년, 리처드 액설Richard Axel 역시 초파리를 이용한 연구로 후각 기관의 구조를 밝혀내 노벨 생리의학상을 탔다. 2017년에는 제프리 홀Jeffrey C. Hall 등 네 명의 공동 노벨상 수상자가 초파리 실험을 통해 주기 유전자period gene를 분리해 냈다. 이렇게 인간 유전자 연구는 수많은 초파리들의 희생으로 이뤄졌다.

너무나 다른 인간 ― 0.1퍼센트의 차이

1990년, 미국과 영국, 일본, 독일, 프랑스, 그리고 중국 등 여섯 개 나라가 셀레라 게노믹스Celera Genomics라는 민간 법인의 후원을 받아 야심차게 시작한 인간게놈 프로젝트Human Genome Project 국제컨소시엄은 약 30억 쌍으로 이루어진 인간의 DNA 염기서열nucleic sequence을 완전 해독하는 쾌거를 이루었다. 장장 12년에 걸친 대장정이었다. 이렇게 성공적으로 염기서열 지도가 만들어지면서 그간 인류를 오랫동안 괴롭혀온 난치병 치료와 모든 나라의 오랜 숙원 사업이었던 예방의학적 보건 정책에 우리는 한 발 더 다가설 수 있게 되었다. 이를 통해 알게 된 또 다른 사실은 사람들의 유전자는 99.9퍼센트가 서로 일치한다는 점이다. 프로젝트에 따르면, 흑인이든 백인이든, 미국인이든 중국인이든, 도시 문명인이든 원시 부족이든, 인간이라면 소수점 한 자리까지 완전 동일한 유전자 구성을 가지고 있다.

● 인간게놈 프로젝트 ●

인간 유전자의 종류와 기능을 밝히고, 이를 통해 개인과 인종, 환자와 정상인 사이의 유전적 차이를 비교하여 질병의 원인을 규명하는데 목적을 둔 프로젝트였다. 미국과 영국, 일본 등 여섯 개의 나라가 참여한 프로젝트로 공식적으로 1990년에 시작되어 2003년에 완료되었다. 프로젝트를 통해 알아낸 유전 정보는 질병 진단과 난치병 예방, 신약 개발, 개인별 맞춤형 치료 등에 이용될 수 있다는 점에서 큰 의의가 있다.

하지만 조금만 인류 역사를 거슬러 가면, 우리가 서로를 지구라는 동일한 환경에서 살아가는 동일한 존재로 인정한 것은 시간상 채 100년도 되지 않았다. 대항해 시대, 미지의 대륙을 찾아 나선 유럽의 탐험가들은 신대륙에서 만난 원주민들을 인

간이 아닌 짐승으로 여겨 양심에 아무런 가책도 없이 무차별적으로 도륙했다. 개중에 쓸 만한 이들은 목에 쇠사슬을 감아 노예선에 태워 유럽에다 팔아치웠다. 20세기 초만 하더라도 말이 통하지 않는 아프리카와 남미의 원시 부족민들을 도시에 가설된 인간동물원에 가두고 '인간을 닮은 짐승'으로 여기며 신기하게 구경했다. 고대 때부터 사용한 '야만인'을 뜻하는 단어 '바리안barbarian'은 바로 이러한 관점에서 유래했다. 어디 그뿐인가. 남북전쟁으로 노예제가 철폐될 때까지 흑인들은 유전적으로 저열한 존재처럼 간주되었다. 1965년 흑인의 참정권을 교묘한 수법으로 막고 제한했던 짐크로법Jim Crow laws이 폐지될 때까지 미국 땅에서는 인종적 견해가 서슬 퍼렇게 남아 있었다. 이렇게 동일한 유전자를 가지고도 인간은 그토록 오랫동안 타자를 자신과 다른 비인격체로 차별하고 멸시하며 학대해왔다.

그렇다면 인간과 동물은 어느 정도의 유전적 차이가 있을까? 인간과 가장 가까운 동물로 여겨지는 침팬지의 경우, 인간의 유전자와 고작 1퍼센트 차이 밖에 나지 않는다는 게 밝혀졌다. 그러나 누군가가 그래서 인간과 침팬지가 동일다고 주장한다면 그에 동의할 사람은 아마 아무도 없을 것이다. 그러나 큰 범주에서 유전자가 99퍼센트가 같다면 같은 종이라 말할 수도 있지 않을까? 고작 1퍼센트 밖에 차이가 나지 않는데도 침팬지를 인간과 매우 다른 동물로 평가절하 해버리는 것이 침팬

입장에서 좀 억울할 수도 있겠다 싶다. 오늘날 동물애호가나 동물권animal rights 옹호에 나서는 지지자들 입장에서 이 문제는 피켓을 만들어 가두시위라도 해야 할 주제다.

그렇다고 앞서 언급한 초파리는 인간과 60퍼센트 차이가 나니 곤충을 일컬어 '60퍼센트 인간'이라고 말할 수는 없다. 결국 우리는 1퍼센트라는 숫자가 우리가 느끼고 있는 것보다 실제로는 더 엄청난 생물학적 간격이 있음을 알게 된다. 그래서 고작(?) 이 1퍼센트의 염기서열 차이로 인해 인간과 침팬지 사이에는 사고나 행동, 두뇌 발달에 있어 감히 건널 수 없는 강이 존재한다. 이런 유전적인 1퍼센트의 차이로 인해 침팬지와 다른 인간 고유의 가치가 생긴다. 사람과 사람 사이의 유전자는 단지 0.1퍼센트의 차이 밖에 나지 않는다. 고작 0.1퍼센트 차이로 인해 나는 남과 다르다. 인간과 침팬지 차이의 약 10분의 1 정도의 차이가 사람과 사람 사이에 존재하는 것이다. 이 0.1퍼센트의 차이로 인해 피부색뿐 아니라 홍채와 머리 색깔, 키, 체중, 외모 등 외형뿐 아니라 성격과 기질, 지능과 재능에 있어서도 차이가 발생한다. 물론 태어난 후 습득한 지식과 경험들도 이러한 차이를 만드는데 중대한 영향을 준다. 이로 인해 사소한 일에도 곧잘 화를 내는 사람, 웬만한 일은 그냥 허허 웃고 넘어가는 사람, 본인의 이익을 위해 상대방을 짓밟고 올라가야 직성이 풀리는 사람, 상대방의 입장을 먼저 고려하는 이타적인 사람, 유달리 남 앞에 나서기를 좋아하는 사람, 무대에 서는 것을 죽기보다 싫어하는 사람, 친구들과 어울려 다니기 좋아하는 사람, 집에서 조용히 지내길 좋아하는 사람 등등 수많은 성격과 개성이 만들어지는 것이다.

인간의 차이에 대해 뇌과학이 말하는 것

뇌과학은 사람들이 서로 다른 이유를 어떻게 설명하고 있을까?[2] 인간의 '뇌'는 우리 몸에서 가장 중요한 기관이다. 여기에 이의를 제기하는 사람은 없을 것이다. 뇌는 사람의 인지와 감정 및 고등한 판단과 같은 모든 정신적 사고를 지배할 뿐만 아니라, 몸의 균형과 항상성을 유지하고 자율신경계를 통한 호흡과 소화, 심박동, 혈압 등을 조절하여 생명을 이어가는 데 핵심적인 기관이다. 뇌가 없다면 우리는 생존할 수 없다.

사실 사람의 뇌는 체중의 2퍼센트 정도인 약 1.4킬로그램에 불과하다. 게다가 여성의 뇌는 이보다 조금 더 적게 나간다. 비유하자면, 98퍼센트의 육중한 기계 덩어리가 고작 2퍼센트의

---

2 본서에서 등장하는 '뇌과학(腦科學)'은 '뇌신경과학(neuroscience)'이나 '뇌신경생리학(neurophysiology)' '뇌신경화학(neurochemistry)' 등 뇌에 관련된 모든 과학을 간단히 총칭하는 용어로 사용하고 있음을 밝힌다.

계기판에 의해 작동하고 있는 셈이다. 크기는 작지만 소비 전력은 어마어마하다. 몸 전체 사용되는 에너지의 대략 20~25퍼센트를 이 자그마한 기관이 사용한다. 심지어 고도의 정신적인 활동을 할 경우에는 50퍼센트가 넘는 에너지를 소모하기도 한다. 우리 뇌가 그만큼 중요한 역할을 맡고 있다는 말이 된다. 보통 사람의 뇌에는 약 천억 개 정도의 신경세포들이 존재한다. 그리고 한 개의 신경세포는 수상돌기dendrite와 축삭돌기axon를 통해서 약 만여 개의 인접한 다른 신경세포들과 거미줄처럼 연결되어 있다. 결국 비유하자면, 뇌는 천억 개의 신경세포가 백조 개에 이르는 가지들로 빽빽하게 연결되어 있는 '뉴런의 숲neuronal forest'인 셈이다. 신경세포로 이루어진 소우주라고 부를 만하다.

◆ 뉴런의 숲 ◆

스페인의 신경조직학자인 산티아고 카할(Santiago Ramon y Cajal)은 신경세포가 축삭돌기와 수상돌기로 이루어져 있고, 신경세포들 사이에는 시냅스라는 구조가 있다는 사실을 발견했다. 그는 신경세포를 숲으로 묘사한 2,900여 점의 삽화를 남겼으며 금속 도금 염색으로 거의 모든 척추동물의 신경계통을 연구하여 신경학 발전에 기여했다. 이런 공로로 1906년 이탈리아의 골지(Camilio Golgi)와 함께 노벨상을 수상했다.

이러한 뇌는 신경세포의 연결에 따라 개인의 정체성을 형성한다. 뇌가 없다면 모든 인간의 개성과 정체성은 사라질 것이다. 코마 상태에 빠져 사고 능력을 상실한 환자를 정상 상태일 때의 그 사람이라고 말할 수 있을까? 더 이상 생각하지도 느끼지도 못하는 그가 자신의 이름과 정체를 기억할 리가 없다. 아들도 알아보지 못하는 알츠하이머병에 걸린 어머니가 아들에게 여전히 자신을 낳고 키워준 바로 예전의 그 어머니와 같은 존재라고 말할 수 있을까? 과거의 기억이 없는 어머니는 어머니로만 불릴 뿐 예전의 어머니로서 기능하지 못하는 나이 든 할머니에 불과할 것이다.

뇌는 '생각하는 기능'과 '기억하는 기능'을 통해 한 사람의 정체성을 형성한다. 결국 '사람들은 왜 각기 다를까?'라는 질문은 '사람들의 뇌는 왜 각기 다를까?'로 치환해도 무리가 없다. 이런 이유로 한 사람에 대해서 알고자 한다면 무엇보다 그 사람의 뇌를 이해하면 된다. 그런데 뇌를 이해한다는 건 무슨 뜻일까? '한 길 물 속은 알아도 열 길 사람 속은 모른다.'라는 말도 있는데, 우리가 상대방의 두개골을 열어봐야 뇌를 이해할 수 있다는 말일까? 아니면 뇌를 이루는 물질들에 대한 화학적 성분이나 뇌신경세포의 생리학, 더 나아가 뇌가 작동한 결과로 일어나는 의식이나 기억 등에 대한 이해를 말하는 것일까? 사실 뇌과학은 이 모든 것을 포함하고 있다.

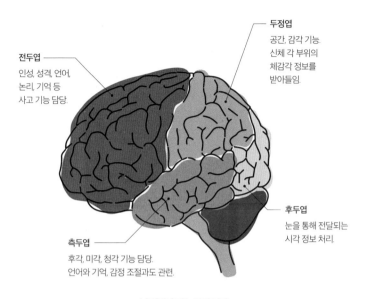

두정엽
공간, 감각 기능.
신체 각 부위의
체감각 정보를
받아들임.

전두엽
인성, 성격, 언어,
논리, 기억 등
사고 기능 담당.

후두엽
눈을 통해 전달되는
시각 정보 처리.

측두엽
후각, 미각, 청각 기능 담당.
언어와 기억, 감정 조절과도 관련.

뇌 영역과 기능 간의 관계

뇌과학 분야의 '개척시대'로 불리기도 한 21세기 초반만 하더라도 뇌에 대한 연구는 주로 뇌를 영역별로 나누어 각 영역들이 담당하고 있는 기능이 무엇인지를 알아내는 것에 주력했다. 이때만 하더라도 지금과 같이 고해상도 전자현미경이나 영상장치가 있을 리 만무했다. 뇌는 단단한 두개골로 싸여 있어 절개하지 않고서는 눈으로 직접 볼 수 없었고, 설사 두개골을 연다 하더라도 뇌를 구성하는 물질이나 형태만 가지고는 작동 원리를 파악할 수 없었다.

결국 사고로 뇌의 일부가 물리적으로 손상되었거나 질병에 의해 뇌의 일부를 제거할 수밖에 없을 때 간접적으로 뇌의 특정 부위가 가진 기능들을 추론할 수밖에 없었다. 그 결과 눈을 통해 전달되는 시각정보는 대뇌피질 중에서 머리 뒷부분에 위치한 '후두엽occipital lobe'이 처리하고, 후각과 미각, 청각 등을 담당하는 영역은 옆머리에 해당하는 '측두엽temporal lobe'이 처리한다는 식이었다. 즉 뇌의 각 영역과 기능들을 매칭시키는 수준에 머물렀다. 그러나 최근 과학기술의 발전으로 fMRI(기능성자기공명영상장치), TMS(경두개자기자극술), EEG(뇌전도)와 같은 고도의 측정 장비들이 등장하면서 더 이상 뇌를 열지 않고도 뇌의 다양한 기능과 작용을 파악할 수 있는 시대가 되었다. 즉 장비의 발전으로 뇌과학에 일대 변혁이 일어난 것이다.

이러한 과학 기술의 발전 덕택에 우리는 뇌의 기능을 보다 명확하게 이해할 수 있게 되었다. 뇌 신경세포 내의 정보 전달은 수상돌기에서 신경세포체를 거쳐서 축삭돌기, 그리고 시냅스synapse 말단까지 이어진다. 수상돌기는 정보의 입력 역할을, 축삭돌기는 출력 역할을 한다고 이해하면 된다. 이때 신경세포 간의 연결, 즉 정보의 흐름은 전기적 에너지를 통해 이루어진다. 즉 신경세포 사이의 틈새인 시냅스가 화학적 작용을 일으켜 전기 에너지의 흐름이 정보를 전달하는 것이다. 비유하자면, 마치 구리 배선이나 컴퓨터 회로에 흐르는 전기 신호와 같다. 즉 한 개의 신경세포가 정보를 전달하는 과정은 단지 수상돌기에서 세포체, 그리고 축삭돌기로 전기가 흐르는 것 외에 특별할 것은 없다. 컴퓨터가 처리하는 정보의 형태는 0 아니면 1이듯, 신경세포 역시 전기를 흘리든가 흘리지 않든가 하는 지극히 간단한 작동만 한다.

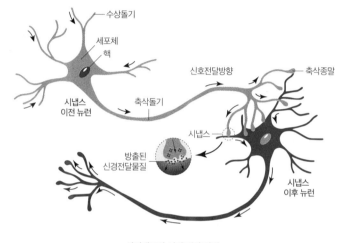

신경세포와 신경 전달 과정

신경세포의 몸체인 세포체에는 핵이 있는데, 수상돌기가 뻗어나가는 나뭇가지처럼 이 세포체에서 여러 갈래로 뻗어 나와 옆에 있는 또 다른 뉴런의 축삭돌기들과 연결된다. 신경세포 내에서의 정보 흐름은 이렇게 복잡한 가지 모양을 한 수상돌기에서 신경세포체를 거쳐서 축삭돌기로, 그리고 다시 시냅스 말단으로 이어진다. 결국 신경세포는 겉모습과 역할에 따라 세 가지로 분류하는데, 감각뉴런과 운동뉴런, 그리고 연합뉴런이 그것이다. 감각뉴런은 감각신경을 구성하며 축삭이 크게 발달해 있고 세포체의 크기는 작다. 반면 연합뉴런은 뇌와 척수 등 중추신경계를 구성하는 뉴런으로 감각뉴런과 달리 수상돌기가 더 발달해 있다. 마지막으로 운동뉴런은 연합뉴런의 명령을 근육이나 기관에 전달하여 운동을 하게 만든다. 흔히 '뉴런' 하면 대부분 운동뉴런을 지칭하는데, 본서에서는 중추신경계를 구성하는 연합뉴런을 주로 의미한다.

보통 친구가 머리를 툭 하고 치면 "뇌세포 죽어. 머리 치지 마!"라고 말한다. 과거에는 나이가 들어가면서 뇌세포가 차츰 줄어든다고 이해했다. 그러나 최근 우리 뇌에 있는 뉴런의 개수는 갓 태어난 아기 때나 성인이 되었을 때나 거의 동일하다는 것이 밝혀졌다. 나이와 상관없이 평생 대략 천억 개 정도로 유지된다는 것이다. 물론 사고나 알츠하이머병 같은 질병, 약물중독 같은 손상이 없는 경우에 한하여 말이다. 단지 나이가 들면서 달라지는 건 세포수가 아니라 신경세포 간 연결된 가지의 숫자와 강도이다. 갓 태어난 아이의 뇌 속에서는 초당 백만 개의 뉴런 연결이 이루어져서 대략 두 살 정도 될 때 이미 백조 개의 신경세포 연결이 완성된다. 은하계에 존재하는 항성 숫자가 약 천억 개라면, 그 숫자의 천 배에 이르는 어마어마한 연결이 그 조그마한 아이의 뇌에서 단 2년 만에 생성되는 것이다. 이후 성인이 되면서 이 뉴런의 연결 개수는 오히려 반으로 줄어든다. 자주 사용하지 않는 신경세포 연결은 그 강도가 약해지거나 아예 소멸된다. 반대로 반복적인 자극과 활동으로 자주 사용되는 신경세포 연결은 그 강도가 더욱 강해진다.

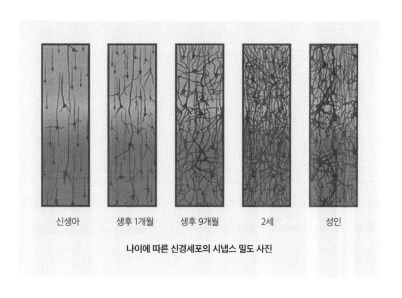

| 신생아 | 생후 1개월 | 생후 9개월 | 2세 | 성인 |

나이에 따른 신경세포의 시냅스 밀도 사진

위의 그림에서 알 수 있듯이, 생후 2년 되는 시점과 성인이 되었을 때의 신경세포들의 연결 정도를 비교해보면, 성인의 신경세포 가지들의 연결 개수는 줄어들었지만 강도는 훨씬 굵어진 것을 쉽게 알 수 있다. 즉 생후 2년의 그림에 비해, 굵직한 세

포 다발들이 더 많이 눈에 띈다. 이처럼 신경세포들 간의 강도
는 동일하지 않다. 시냅스 연결의 강도는 그들이 활동한 정도
에 따라 더 강해지거나 약해질 수 있다. 이는 마치 우리 몸의 근
육과 같다. 특정 근육을 계속 사용하면 비록 그 부위의 근섬유
숫자가 늘지는 않지만 부피가 두꺼워지듯, 신경세포 역시 특정
부위를 많이 쓰면 쓸수록 점점 연결 가지들의 두께가 늘어난
다. 다른 예로 표현하자면, 숲 속에 자주 다니는 오솔길은 좀 더
선명해지고 넓어지는 반면, 사람들이 자주 다니지 않는 기존의
오솔길은 차츰 옅어져 결국 길이 있었는지조차 알 수 없게 되
는 것과 같다. 사람의 뇌 신경세포는 컴퓨터 회로의 고정 배선
처럼 선천적으로 가지고 태어난 신경 연결망과 생후 획득한 경
험과 지식, 정보, 감각, 주변 환경과의 상호 작용에 의해 형성된
연결망의 조합으로 이루어진다. 바로 이런 이유 때문에 2021년
현재, 78억 5천여 명이 서로 다른 사람으로 살아가고 있는 셈이
다.

　이를 기업과 같은 조직 운영에 적용해보자. 많은 관리자들
은 자신이 생각하기에 '하나의 최선의 대안'이 존재한다고 믿고
그것을 직원들에게 강요한다. 직원들을 압박하여 자신이 생각
하는 방식으로 일을 진행시키려고 한다. 관리자가 생각하는 획
일적인 대안을 직원들에게 강요하면, 우선 직원들의 감정적인
저항을 야기하고, 각 직원들이 가지고 있는 사고체계와 충돌을

일으킨다. 또한 획일화된 해답을 제시함으로써 개개인이 가지고 있는 학습 능력을 약화시켜 개인의 스타일에 따라 행동하고 책임질 권리마저 박탈한다. 그래서 경영진이나 중간관리자에게 가장 어려운 일 중에 하나가 부하 직원들이 자신의 방식대로 일하지 않는 것을 용인하는 것이다.

이는 마치 부모님 생신 선물로 자신이 좋아하는 장난감을 선물하면 좋아할 거라고 굳게 믿고 있는 어린아이와 같은 발상이다. 경영자라면 직원들에게 새로운 기회를 포착하게 하고 결과를 얻도록 맡기는 것이 학습 효과를 높이고 조직의 퍼포먼스를 높이는 길임을 잊지 말아야 한다.

직원들은 다 다르다. 사람 생각이 다 거기서 거기라고 섣부르게 일반화하면 안 된다. 서로의 다름을 인정하고 그 다양성을 믿는 것이야말로 관리자가 가져야 할 가장 기본적인 마음가짐이다. 자신이 가진 한쪽으로 편향된 관점을 가지고 다른 직원들의 특성이나 성향, 가치관 등을 섣불리 재단하지 말고 다양성을 인정해야 한다.

2장

사람은 왜 쉽게 변하지 않을까
—변화에 저항하는 뇌—

사람들은 변하지 않는다. 그들은 단지 변화의 부재를 감
추는 법을 터득할 뿐이다.

데이비드 제멜David Gemmell

연못가에 개구리 한 마리가 살고 있었다. 하루는 전갈이 개
구리에게 다가와 연못 맞은편으로 자신을 건너가게 해 달라고
부탁했다. 연못을 가로질러 가고 싶었지만 수영을 할 줄 몰랐
기 때문이다. "개구리야, 나를 업고서 연못을 건너 줄 수 있겠
니?" 전갈의 꼬리에 달린 시퍼런 독침을 보며 개구리는 말했다.
"내가 헤엄칠 때 니가 그 독침으로 날 찌르려고? 어림도 없지."

그렇게 개구리는 전갈의 제안을 단칼에 거절했다. 전갈은 물러서지 않았다. "걱정 마! 그럴 일은 없을 거야. 만일 내가 널 찌르면 나도 물속에 빠져 죽을 텐데?" 잠깐 생각을 한 개구리는 전갈의 말이 맞다고 생각했다. '그렇지, 자신도 죽을 일을 쓸데없이 하진 않겠지.'

결국 개구리는 전갈을 등에 업고 연못을 건너가기로 했다. 전갈은 개구리의 넓은 등에 걸터앉았고 개구리는 평소 갈고 닦은 수영 실력을 마음껏 뽐내며 수면 위를 헤엄치기 시작했다. 그렇게 연못 한 가운데에 다다랐을까? 갑자기 전갈은 꼬리를 말아 세우더니 날카로운 독침을 들어 무방비 상태에 있던 개구리의 등에 푹 찔러 넣었다. "아얏! 너 뭐하는 짓이야?" 갑작스런 전갈의 공격에 화들짝 놀란 개구리는 전갈에게 소리쳤다. "이 멍청아, 왜 날 찌른 거야?" 온몸에 독이 퍼져 점차 물속으로 가라앉는 개구리에게 전갈은 덤덤히 말했다. "나도 알아. 하지만 찌르는 게 내 본능이라…." 그렇게 개구리는 독에 마비되어 죽었고, 전갈은 물에 빠져 죽었다.

본능의 강력함과 무서움에 대한 우화다. 우리나라 법무부가 발간한 「법무연감」에 따르면, 교도소에서 복역을 마친 출소자가 3년 이내에 다시 유사 동종의 죄를 짓고 금고 이상의 형을 선고받아 교정시설에 재수감될 재범률이 2020년 기준으로 25퍼센트에 이른다고 한다. 네 명 중 한 명은 다시 죄를 짓는다는 얘기다. 그래도 우리나라는 그나마 나은 편이다. 미국 캘리포니아 주의 재구금률은 약 64퍼센트에 달한다고 한다. 열 명 중 여섯 명 이상은 다시 교도소로 컴백한다.

우리는 사람의 성격이나 가치관, 또는 행동이 일생 동안 쉽게 변하지 않는다는 것을 경험으로 잘 알고 있다. 회의 중에 의견 차이가 났다 하면 불같이 화를 내던 사람이 어느 날 논리적으로 차분하게 대화가 가능한 사람으로 바뀌는 것을 본 적이 있는가? 남들과의 관계 속에서 조그만 틈새라도 보이면 비집고 들어가기 바쁜 이기적인 사람이 어느 날 다른 사람의 입장을 생각하는 사람으로 돌변하는 경우를 경험한 적이 있는가? 비만 때문에 다이어트를 선언하고 스쿼트와 달리기, 수영과 조깅으로 매일 아침을 깨워도 그 습관을 한 달, 아니 일주일을 이어가기 버겁다. '올 여름에는 꼭 비키니를 입어야지.'라며 큰맘 먹고 동네 피트니스센터 연간 회원권을 끊고 고작 며칠 가다 곧 시들해진다. 매년 이 짓을 반복한다.

왜 이럴까? 인간의 뇌에 답이 있다. 오랜 진화 과정을 겪으며 뇌는 결핍의 시기에 대비하여 칼로리를 지방으로 저장하려는 본능을 갖게 되었다. '있을 때 많이들 먹어두라구. 며칠은 쫄쫄 굶을 수 있으니까.' 그렇게 한 번 들어온 소중한 단백질은 어지간해서는 몸 밖으로 배출되지 않는다. 운 좋게 양질의 식사라도 할 때면 뇌는 저장 프로세스를 가동시켜 섭취한 영양소를 몸 안에 쌓아두도록 명령한다. 굶었다 먹기를 반복할수록 이런 사이클은 더욱 고착된다. 이 장에서는 사람이 다를 수밖에 없고 변하기 어려운 이유를, 사람마다 가지고 있는 정신적 여과 장치와 내부 모델internal model, 그리고 개인마다 가지고 있는 호르몬 특성들의 관점에서 들여다보고자 한다.

뇌는 보고 싶은 것만 본다 — 정신적 여과장치

기업도 마찬가지이다. 대부분의 기업들은 사람의 본성이란 얼마든지 변할 수 있으며 개인이 충분히 노력하면 기업이 원하는 사람으로 개조될 수 있다고 믿는다. '안 되면 되게 하라.' '안되면 될 때까지'와 같은 구호들이 설득력이 있어 보인다. 직원들의 바람직하지 못한 습관이나 성향을 바꾸기 위해 멘토링을 하고 갖가지 교육과정을 이수하게 한다. 또한 부족한 부분을 메울 수 있도록 필요한 기술과 능력을 주입시켜 기업이 원하는 인재상을 만들려고 한다.

직원 개인의 성향이나 특성을 파악하기 위해 기업에서 활용하고 있는 여러 가지 방법론이 있다. 예를 들면, 칼 융의 심리 유형론을 근거로 개발된 성격 유형 검사인 MBTIMyers Briggs Type Indicator를 비롯하여, 임원 코칭 심층 진단 도구로 쓰이는 호간 평가 방법Hogan Assessment, 사람들을 4가지 성격으로 구분한 DISC 성격 유형 판단법, 사람의 본성을 변하지 않은 9가지 유형으로 분석한 애니어그램Enneagram 등이다. 이러한 방법론을 통해서 직원 개인의 성향이나 특성을 파악하고 필요한 경우 부족한 부분을 개선시키려 하고 있다. 그렇다면 이러한 방법을 통해 기업은 기업이 원하는 인간형으로 직원들을 개선할 수 있을까? 과연 투자한 만큼 성과는 있을까? 필자부터 경험상 '그렇다'라는 대답을 흔쾌히 하지 못한다. 분명 어느 정도 효과는 있을 것이다. 무엇보다도 방법론들이 제시하고 있는 각종 지표들을 통해 직원들은 자신이 가진 개인적인 특성이나 자질을 들여다볼 수 있는 기회를 얻는다. 또한 코칭을 통해 무엇을 개선하며, 어떻게 개선해야 할지에 대한 조언을 얻을 수 있다. 그러나 성공 여부는 또 다른 문제이다. 개중에 이러한 프로그램을

• MBTI •

마이어스-브릭스 유형 지표(Myers-Briggs Type Indicator)의 약어로 정신분석학자 칼 구스타프 융(Karl Gustav Jung)의 심리유형이론에 기반하여 서로 극이 되는 각기 다른 네 가지 척도의 합으로 총 16개의 성격유형을 알아내도록 고안되었다. 캐서린 브릭스(Katharine C. Briggs)와 그의 딸 이사벨 마이어스(Isabel Briggs Myers)가 최초로 개발했고 이후 여러 학자들에 의해 수정되어 오늘날 형태에 이르렀다.

통해 의도한대로 직원의 말이나 행동을 일시적으로 변화시킬 수는 있을지 몰라도, 대부분 그 변화가 영속적이지 않다. 주기적인 코칭이나 습관이 동반된 치밀한 노력이 없으면 대부분 당겨진 용수철이 제자리를 찾아가듯 곧 원래의 모습으로 회귀한다.

일반적인 기업 조직에서 중요한 영업 정보를 제때 업데이트하지 않아 매번 상사로부터 지적당하는 직원이나 일처리가 철저하지 못하고 소위 흘리고 다니는 직원, 같은 실수를 반복해서 줄곧 골치 아픈 상황을 만드는 직원들이 꼭 있다. 다양한 인재개발 프로그램이 효과를 보았다면 시간이 지남에 따라 조직 내 이런 직원들이 없어야 정상이다. 그러나 조직 내에는 항시 이런 직원이 존재한다. 코칭을 통해 개선을 시키고자 노력하지만 그들은 얼마 지나지 않아 여전히 동일한 행위를 한다. 마치 그들의 뇌는 다른 무언가에 점령당한 것 같다는 생각이 들 정도다. 무엇에 홀린 것처럼 직장 상사나 주변 동료의 피드백이 전혀 통하지 않고 오직 '마이웨이'이다. 심지어 당사자조차 자신이 이러한 행위를 한다는 것에 당혹해한다.

기업과 같은 조직 내에서 보이는 이러한 개인 성향이나 특성은 하루아침에 만들어졌다거나 그 조직 내에서만 나타나는 것이 아니다. 그 개인이 성장하면서 자연스럽게 형성된 것이다. 그렇게 태어났고, 그렇게 길러졌다. 사람은 좀처럼 바뀌지 않기 때문에 온갖 미사여구로 도배된 인재개발 프로그램이나 성과 지향적인 구호들로는 결코 해결되지 않는다. 개인을 바꾼다는 건 그의 유전자를 바꾸거나 그의 성장 배경을 바꾸려는 것처럼 쉽지가 않다. 앞에서 언급했듯이, 한 개인의 특성은 유전적으로 타고난 신경세포와 자라면서 학습된 지식과 경험에 의해 형성된 신경세포의 연결 형태에 따라 정해진다. 그리고 한 번 형성된 신경세포의 연결을 바꾸거나 지우기 위해서는 많은 시간과 노력이 필요하다. 숲속에 새로운 오솔길을 하나 내기 위해서는 그 길을 부단히 오가는 수고가 필요하듯, 뇌의 신경세포 역시 새로운 신경돌기를 만들기 위해서 그 방향으로 끊임없는 자극이 반복되어야 한다.

우리 뇌가 가지고 있는 정신적 여과장치는 외부에서 안으로 들어오는 모든 자극과 정보들을 일정한 기준을 가지고 선택적으로 받아들인다. 예를 들면 빛을 비추었을때 좁은 슬릿slit 안으로 들어오는 것만 받아들이고 나머지는 걸러내는 것과 같다. 내부 모델과 정신적 여과장치는 서로 중첩되는 개념이지만, 뇌가 가지고 있는 내부 모델에 의해서 구현되는 현상을 정신적 여과장치로 표현했다.

정신적 여과장치를 쉽게 비유적으로 설명하기 위해서 사람이 인지할 수 있는 가청주파수의 예를 한 번 들어보자. 인간이 들을 수 있는 가청주파수의 범위는 대략 20에서 20,000헤르츠다. 인간은 이 범위 안에 들어오는 소리만 들을 수 있다. 너무

크거나 너무 작아서 범위를 벗어나는 소리는 아무리 귀를 기울여도 들을 수 없다. 흥미로운 건 동물들마다 가청주파수 영역대가 다르다는 사실이다. 일부 동물들은 인간보다 훨씬 더 가청범위가 넓다. 예를 들어 일부 돌고래와 박쥐 종류는 100,000헤르츠 이상의 초음파도 감지할 수 있다. 코끼리는 14~16헤르츠의 작은 소리도 들을 수 있다고 한다. 일부 고래는 물속에서 7헤르츠 이하의 초저주파도 감지한다. 쥐는 인간보다 고주파에 훨씬 민감하다.

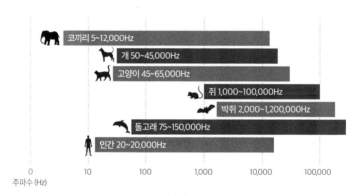

인간과 동물의 가청주파수 영역대

우리 주변은 주파수 20헤르츠 미만의 느리고 둥둥거리는 초저주파를 비롯해서 150킬로헤르츠 이상의 날카로운 초음파까지 다양한 소리들로 가득 차 있다. 박쥐가 쏘아대는 초고음부터 지하철의 객차가 내는 둥둥거리는 느린 북소리 같은 소리,

집주변의 전봇대에 달려있는 변압기가 내는 웅웅대는 소리와 같은 초저음을 만일 우리 귀가 모두 감지할 수 있다면, 우리는 구토나 현기증을 일으키고 단 몇 분도 버틸 수 없을 것이다.

이처럼 인간의 청각이 제한적인 것은 한계나 장애가 아니라 축복이다. 어쩌면 인간이 오랜 기간 진화를 거듭하면서 생존하는데 필요한 만큼의 음파를 지각하도록 적응해왔는지도 모른다. 인간이 가지고 있는 고유한 청각수용체에 의해 필요한 가청주파수 영역의 소리만 딱 잘려서 전달되도록 말이다. 그런데 인간의 가청영역대에 해당되지 않는 소리의 존재를 부정할 때 문제가 된다. 자신이 듣지 못한다고 해서 가청주파수 외의 음파가 없는 것이 아니다. 이는 시각의 경우도 마찬가지이다. 우리 눈에는 보이지 않지만, 가시광선의 영역을 넘어서는 적외선과 자외선이 엄연히 존재하고 있듯이 말이다.

뇌 역시 이와 비슷하다. 인간의 뇌도 귀처럼 정신적 여과장치의 역할을 수행한다. 사람마다 자극에 대한 반응 양식이나 정도가 제각각이다. 스트레스 상황에 놓였을 때, 저마다 보이는 반응은 다양하다. 장거리 비행 중에 난기류에 대한 승객들의 반응을 관찰하고 있노라면 제각각으로 사뭇 흥미롭다. 떨며 안절부절 못하는 승객이 있는가 하면, 기체가 흔들리든 말든 전혀 개의치 않고 만사태평하게 잠을 자는 승객도 있다. 코까지 고는 사람에게는 난기류의 자극 따윈 무시해도 될 정도로 미미한가 보다. 그렇다고 성호를 그으며 절대자에게 기도를 드리는 옆 승객을 비난할 이유는 없다. 그에게는 난기류도 얼마든지 절체절명의 위기로 느껴질 수 있기 때문이다. 이것은 사람들이 모두 동일한 환경에 놓여 있음에도 개인들이 각자 다른 정신적 여과장치를 작동시키기 때문이다.

암벽 등반가의 경우를 보자. 도시 근처의 야트막한 야산을 오른 경험이 전부인 일반 사람들이 백 미터가 넘는 까마득한 절벽에 매달려 있다면 오금이 저리고 식은땀이 나서 단 한 걸음도 옮기지 못하고 얼어붙고 말 것이다. 하지만 전문 암벽등반가에게는 이야기가 다르다. 그들은 까마득한 아래를 내려다보는 게 아니라 시선을 손끝이나 발끝에 있는 공간에만 집중하기 때문에 공포를 느끼지 않는다. 이와 같이 노련한 등반가일수록 특정한 자극을 적당히 무시하는 방법을 알고 있다. 더 나아가 스릴을 즐길 수 있다. 남 앞에 나서서 연설하거나 발표하는 걸 극도로 꺼리는 사람에게는 대중의 시선이라는 자극에 매우 민감하게 반응하는 정신적 여과장치를 갖고 있는 것도 한 예이다. 이와 같이 사람들은 외부 자극에 각기 다른 정신적 여과장치를 가지고 있으며, 바로 이 때문에 이런저런 종류의 자극을 걸러내면서 각자에게 고유한 세상을 형성한다. 일단 정신적 여과장치가 우리 뇌 속에 한 번 고착되면 이를 수정하거나 변경하는 것은 매우 어렵다.

사람은 누구나 자신만의 정신적 여과장치를 가지고 있다. 소위 꼰대라고 불리는 사람들의 공통점은 본인이 가지고 있는 좁은 슬릿만으로 사물을 판단하고 재단한다는 것이다. 분명 그 슬릿 이외에도 세상을 들여다보는 수많은 각도의 선택들이 존재하고 사물의 진실은 이러한 다양한 각도에서 관찰한 결과들의 총합일 가능성이 높은 것임에도 불구하고 말이다. 심각한 꼰대 수준까지는 아니지만 모든 사람은 일종의 꼰대일 수밖에 없다. 사람의 뇌는 자신도 모르게 형성되어 있는 정신적 여과장치를 통해서 사물을 바라보고 판단하기 때문이다. 직원을 평가하고 의사결정을 할 때 우리는 항상 우리 내면에 웅크리고 있는 정신적 여과장치의 존재를 의식하고 있어야 하며 의식적으로라도 다른 다양한 의견에도 귀를 열어두어야 한다.

사람들의 생각이 다 나 같지 않다? — 내부 모델

과거의 다양한 감각기관을 통해서 이미 획득한 방대한 정보를 바탕으로, 새로운 정보를 받기 전부터 이미 뇌는 외부 세계에 대한 상세한 예측 또는 짐작을 하고 있다. 이것을 뇌가 가지고 있는 내부 모델이라고 한다. 예를 들어 한 사람이 무거워 보이는 상자를 들려고 한다. 그 사람의 몸은 무거운 상자를 들기 위한 적절한 자세를 취할 것이다. 허리를 구부리고 다리와 팔에 힘껏 힘을 주고 상자를 들어올렸는데 예상과 달리 속이 비어 있는 가벼운 상자라서 쉽게 들렸다. 이는 뇌가 그 상자에 대해 추정한 값이 정확하지 못한 결과이다. 즉 뇌는 이 상자에 대해 틀린 내부 모델을 가지고 있다고 할 수 있다. 뇌가 상자에 대한 잘못된 내부 모델을 사용하여 행동하도록 안내했기 때문에 필요 없는 힘을 쓴 것이다.

이 내부 모델이 작동하는 방식을 설명하기 위해 뇌 활동의 3분의 1을 차지하는 시각정보 처리 과정의 예를 들어 보자. 빛이 눈의 수정체를 통과해 망막에 도달하면 망막의 광자수용기photoreceptor가 이를 전기적 신호로 바꾼다. 이렇게 바뀐 전기적 신호는 시신경조직을 거쳐 시상 후부에 위치한 외측슬상핵lateral geniculate nucleus에 도달한다. 다시 이 신호는 시각피질visual cortex에 전달되고 최종적으로 뇌가 사물을 인식한다. 즉 시각정보의 흐름은 망막에서 시작하여 시상의 외측슬상핵을 거쳐 시각피질로 전달되는 것이다. 이 시상의 외측슬상핵에서 시각피질까지는 방사선 형태의 무수히 많은 신경이 연결되어 있다. 그런데 우리가 기억해야 하는 사실은 외측슬상핵에서 시각피질로 이어지는 신경가닥보다 그 반대 방향, 그러니까 시각피질에서 외측슬상핵으로 되먹임feedback되는 신경가닥의 수가 열배 정도 많다는 것이다. 즉 외부의 새로운 정보를 수용하는 신경가닥보다 이미 가지고 있는 정보를 시상에게 다시 되먹임 하는 신경가닥이 훨씬 많다는 이야기다.

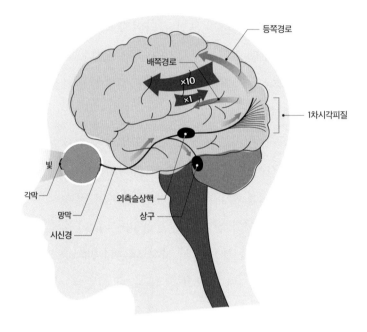

뇌의 시각 정보 전달 과정

익숙한 장소나 사물을 한번 떠올려보자. 예를 들어 출퇴근 시간에 항상 건너던 다리 주변 풍경을 떠올려보자. 강변 풍경과 함께 다리의 개략적인 형태가 풍경화처럼 머릿속에 그려질 것이다. 그러나 좀 더 상세한 부분, 즉 다리의 난간이 모두 몇 개며 그것을 장식한 무늬도 기억나지 않을 것이다. 장님이 아닌 이상, 매일 출퇴근할 때마다 교각의 시각적 이미지 정보는 뇌로 전달되었을 것이 분명하다. 그럼에도 왜 자세한 형태는 기억나지 않을까? 이유는 간단하다. 뇌가 굳이 기억하지 않았기 때문이다. 모든 시각 정보는 사진기의 필름에 빛이 그대로 조사照射되듯이 우리 뇌로 전달되었지만 그것을 저장하지 않은 것이다. 뇌는 그런 디테일한 정보들이 사소한 것들이라고 치부하고 뇌에 선명하게 자료를 남기지 않는다. 즉 우리 뇌는 외부로부터 입력되는 모든 정보를 몽땅 처리하는 게 아니라 임의로, 그것도 선택적으로 처리한다. 왜 그럴까? 모든 정보를 처리할 필요도 없고 그렇게 하기에는 시간과 에너지가 너무 소모되기 때문이다.

그러나 뇌의 이러한 행위는 사실 우리에게 매우 유익하다. 만일 뇌가 다리의 상세한 난간 모습과 개수, 새겨진 장식의 문양 등등 출근길에 보았던 모든 정보를 처리하고 저장했다면 그날 회사에서 해야 할 정작 중요한 일들은 하나도 할 수 없었을 것이다. 뇌는 입력된 정보를 전체적인 맥락에서 우선 처리하고, 나중에 필요하다면 상세한 부분들을 따로 복기하여 정밀도를 높인다. 다리 난간 장식은 그동안 나에게 그다지 중요하지 않았거나 큰 의미를 두지 않았던 사소한 일로 간주되어 뇌가 처리해야 할 일의 우선순위에서 자연스럽게 밀려났던 것이다. 만일 어떤 계기로 인하여 다리를 자세히 그려야 되는 경우가 생기면, 다리의 구체적인 형태와 페인트의 색깔, 사소한 디테일 하나하나까지 보고 기억할 것이다.

사람의 뇌는 그동안 축척된 시각 정보를 토대로 사물에 대한 시각적 예측 모델을 만든다. 좀 더 구체적으로 이야기하자면, 새로운 시각 정보가 시상에 도착할 때 뇌는 시각피질에서 되먹임된 시각적 예측 모델과 시각 정보를 비교하여 양자 간 차이가 나는 정보만 시각피질에 전달한다. 이런 작업 역시 중복된 시각 정보를 최대한 빨리 걸러 내어 쓸데없이 소모되는 에너지를 최소화하기 위한 것이다. 이러한 메커니즘은 시각 정보뿐만 아니라 다른 감각 정보도 마찬가지이다. 감각기관을 통해 뇌로 전달된 있는 그대로의 실제 정보와 뇌가 지각한 정보 사이에는 분명히 차이가 있다. 과거의 경험이나 지식, 기대와 신념, 동기, 문화적 배경, 언어적 차이에 의해 뇌는 실제와 다른 자기만의 추론으로 정보를 윤색한다.

뇌가 추론한 정보에 의해 실제 시각 정보가 어떻게 왜곡되는지 우리가 익히 알고 있는 애국가 가사를 음미해 보면서 알아보도록 하자.

동해물과 백산두이 마르고 닳도록 하나님이 보호사하 우리나라 만세
무화궁 삼천리 화강려산 대한사람 대한으로 길이 보하전세
이 기상과 이 맘으로 충성을 다하여 괴우로나 즐우거나 나라사랑하세

처음에는 무심코 넘어갔지만, 곧 가사에 문제가 있다는 사실을 알 수 있을 것이다. 그런데 여기서 독자들에게 묻고 싶다. "과연 어느 행에서 글자 순서가 바뀐 사실을 눈치 챘나요?" 흥미로운 건 대부분 가사를 꽤 읽고 나서 잘못된 부분을 캐치했다는 사실이다. 좀 둔한 사람은 다 읽고도 뭐가 잘못된 건지 모르는 경우도 있다. 왜 이런 어처구니 없는 일이 일어날까? 눈이 보내는 정확한(?) 정보보다는 이미 가지고 있는 정보를 뇌가 선택한 것이다. 즉 뇌의 내부 모델이 외부에서 오는 시각 정보를 덮어 버린 것이다. 내부 모델은 에너지를 줄임과 동시에 사물의 패턴이나 맥락을 신속하게 파악하기 위해 발전한 진화의 산물이다.

이 덕분에 우리는 낯선 이방인을 만났을 때 그가 친구인지 적인지, 그리고 낯선 곳에 갔을 때 안전한 곳인지 위험한 곳인지에 대한 판단을 신속하고 효과적으로 할 수 있게 되었다. 그러나 다른 한편으로는 사물이나 주위 환경을 있는 그대로의 모습으로 인식하거나 판단하지 않고 이미 형성된 내부 모델에 기준을 두었기 때문에 다분히 사실을 왜곡하고 그릇된 판단을 할 수가 있다.

문제는 그 왜곡과 그릇된 판단이 치명적일 경우다. 경영진의 편향된 판단이 기업의 생존에 치명적인 영향을 미칠 수 있다. 정보통신기술의 급속한 발달로 인해 변화와 혁신의 소용돌이

속에서 세계적인 기업들의 부침이 가속화되고 있다. 이런 때에 고착된 내부 모델에 따라 내려진 그릇된 판단은 기업이 성장할 기회를 잃게 한다. 그뿐 아니라 경쟁적 우위를 점하지 못하게 만들어 자연 도태되도록 한다. 이를 방지하기 위해서 현재 가지고 있는 편향된 내부 모델에 변화를 주어야 한다. 효과적인 방법으로는 자신을 다양한 사례나 상황에 노출시켜서 억지로라도 뇌 속에 다양한 자극을 주는 것이 있다. 그렇게 다양한 사고와 경험을 축적하여 자신이 가지고 있는 경직된 내부 모델을 끊임없이 업데이트해야 한다. 결국 부단히 새로이 배우고 경험하라는 것이다.

뇌의 연금술사 — 호르몬

럿거스대학의 생물인류학자인 헬런 피셔Helen Fisher의 신경 색상 이론neuro color theory에 의하면, 개인의 성격이나 기질은 기본적으로 네 가지 호르몬 시스템과 깊이 연관되어 있다고 한다. 세로토닌과 테스토스테론, 에스트로겐, 그리고 옥시토신이다. 그녀는 fMRI를 이용하여 피실험자들에게 일정한 질문을 한 뒤 그들의 뇌를 스캔하여 뇌의 활동을 측정함으로써 호르몬 시스템과 기질 간의 연관성을 알아내는 실험을 했다. 예를 들어, "가족이나 사회의 전통을 중시하십니까?"라는 질문에 "그렇다."라고 대답한 참가자의 뇌 측정 결과를 보면, 세로토닌serotonin 호르몬 시스템이 지나가는 부위가 활성화되었다. 이를 통해 그녀는 전통성과 관련된 자극과 세로토닌 호르몬 시스템 사이에 서로 상관관계가 있다고 추정했다. 질문을 바꾸어 비슷한 실험을 한 결과, 소위 남성호르몬이라고 불리는 테스토스테론testosterone 호르몬의 수치가 높은 사람은 시각적이고 기계적인 인식 등과 관련되어 있는 뇌 부위가 활성화되는 사실을 알 수 있었다.

이처럼 다양한 실험을 순차적으로 진행한 결과, 피셔 박사는 네 가지 호르몬 시스템과 그로 인해 발현되는 주요 기질들을

세로토닌 시스템 serotonin system	사교적이고 조직의 구성원이 되기를 좋아하지만 새로운 것을 추구하기보다는 전통을 고수하는 성향을 나타낸다.
테스토스테론 시스템 testosterone system	터프하고 직선적이며 문제에 대해 회의적이며 단호한 성향을 나타낸다. 원칙이나 규칙을 지키려는 성향이 강하며 직업으로는 엔지니어나 수학자, 과학자, 컴퓨터 관련 일이 적성에 맞다.
에스트로겐/옥시토신 시스템 estrogen/oxytocin system	일명 여성호르몬이라고 불리는 호르몬 시스템으로 직관적이고 이상적이며 다른 사람의 감정을 잘 이해하는 친절한 말과 사회적 공감 기술이 있는 성향을 나타낸다.

헬렌 피셔의 네 가지 호르몬 시스템과 주요기질

정리했다. 모든 사람이 네 가지 호르몬 시스템을 가지고 있지만, 유전 형질에 따라 그 발현되는 호르몬의 선호도나 강도는 달라진다. 인류의 호르몬 체계는 몇 십 만년 동안 종의 보존과 생존에 유리하도록 진화를 거듭해왔고 그 과정에서 개인마다 다른 환경에 서로 다르게 발현되도록 갈라졌다. 여기서 새로운 개척지를 찾아 떠나는 초기 인류 부족이 있다고 가정해 보자. 거주하는 곳을 떠나는 이유는 아마도 주변에 충분한 먹거리가 없거나 적이나 맹수로부터 안전하지 않거나, 혹은 기후나 생존 조건이 불리하다는 판단 때문일 것이다. 이때 만일 세로토닌 체계가 발달한 이들로 구성된 부족이라면 다른 곳으로 이동하는 것보다는 현재 거주지에 그대로 정착하길 원할 것이다. "여기만한 곳이 또 있겠어?" 반면 테스토스테론 체계가 유독 발달한 이들로 구성된 부족이라면 새로운 보금자리로 이동하려는 모험심이 강할 것이고, 이동 준비나 이동 과정에서, 또는 새로운 거주지에서 예상치 못한 위험들을 즐길 것이다. "저 산너머에는 젖과 꿀이 흐르는 땅이 아닐까? 자, 가자!" 이들은 용케 젖과 꿀이 흐르는 땅을 발견할 수도 있겠지만, 방랑벽과 모험심으로 돌아다니다가 결국 멸망할 가능성도 높다.

세로토닌 체계가 발달된 부족은 현 상태에 그대로 머물려는 경향이 강하다. 그 결과 변화가 필요한 시점에 적절히 변화하지 못해 종족이 사라지거나 아니면 다른 부족에 흡수될 가능성이 높다. 이 부족이 좀더 오래 생존할 확률을 높이기 위해서는 어떻게 해야 할까? 세로토닌 체계를 보완할 수 있는 테스토스테론 체계가 공동체 내에 함께 있으면 되지 않을까? 직선적이고 원칙과 규칙을 지키는 데 익숙한 구성원과 직관적이고 사회적인 공감 기술을 가진 구성원이 적절하게 조합된 집단이 그렇지 않은 경직된 집단보다 좀 더 유연하고 건전하게 살아남을 수 있다. 다양성이 확보된 집단이 그렇지 못한 집단보다 생존에 유리하다는 것이다.

이와 같이 우리가 경험을 통해서 이미 익히 알고 있는 명제, 즉 '사람들은 각기 다르다.'라는 것과 '사람은 쉽게 변하지 않는다.'라는 것은 뇌과학의 관점에서 볼 때 과학적 근거가 있는 확고한 사실이다. 나를 비롯하여 모든 사람들이 가지고 있는 각자의 정신적 여과장치나 내부 모델을 인정하지 않으면, 누구나 세상을 오로지 '나'라는 색안경을 끼고 볼 수밖에 없다. 그렇게 보이는 세상이 사실이고 진리며 전부라고 믿는다. 또한 이것을 가지고 주변 사람들을 통제하고 변화시키려 한다. 이런 사람이 한 조직의 우두머리라면 어떨까? 자기 객관화를 하지 못하는 그룹 총수, 자신의 이야기면 설사 팥으로 메주를 쑨다고 해도 믿어야 한다는 기업 오너, 주변의 객관적인 지표들을 애써 부정하고 오로지 자기만의 생각을 직원들에게 강요하는 회사 경영진은 정말 최악이다.

비단 이러한 현상은 개인이나 회사에 국한되지 않고 사회 공동체 전반에서도 벌어지고 있다. 구태 의연한 관습이나 전혀 객관적이거나 공평하지 않은 낡은 가치관들이 여전히 그 생명력을 유지하고 있다. 전근대적인 사고방식이 리더십이라는 미명하에 강단에서 재생산되고 후대에 대물림되고 있다. 전 세계 대부분의 국가들이 인간의 행복, 인간의 존엄, 자유와 평등을 주요 가치로 하는 민주주의 체제로 바뀐 지 이미 반세기 이상 지났다. 그런데도 여전히 우리 사회는 인종차별과 남녀차별, 해묵은 지역감정의 구태 속에 놓여 있다. 이런 건 어찌 보면 뇌과학이 알려주는 지혜를 우리가 무시해서가 아닐까 싶다.

3장

우리 뇌는 정말 믿을만한가
─뇌의 불편한 진실─

뇌는 믿을 수 없다. 거짓말에 기반하기 때문이다.

브라이언 스펠만Brian Spellman

우리는 우리의 뇌를 얼마나 믿을 수 있을까? 미국 사회심리학자 레온 페스팅거Leon Festinger는 우리의 뇌가 얼마나 부조리한 믿음에 기반하여 의사결정을 내리는지 보여주었다. 1950년대 페스팅거는 우연히 지역의 한 사이비 교주의 지구 종말 설교를 듣게 되었다. "나를 믿는 사람들은 조만간 닥칠 대홍수에서 구원받는다." 호기심이 발동한 페스팅거는 그의 설교를 유심히 들었는데, 그는 비행접시가 날아와 자신과 신자들을 태워 재앙을 피할 거라는 예언을 일삼았다. 드디어 교주가 예언한 날이 이르렀으나, 홍수는 일어나지 않았다. 페스팅거는 당연히 틀린 예언으로 신도들이 대거 이탈할 거라고 예상했다. 그러나 그의 예상은 보기 좋게 빗나갔다. 도리어 교주에게는 더 많은 신도들이 몰려들었다.

왜 그랬을까? 페스팅거는 신도들의 행태를 주목했다. 그들은 "우리들의 견고한 믿음 덕분에 세계가 구원을 받았다."라는 교주의 말에 더 광적인 믿음을 표출했던 것이다. 교주는 자신의 예언이 결국 성취된 것이나 마찬가지라고 주장했고, 신도들은 그런 그의 말에 맹종했다. 그는 특정 종교의 예언이 실패로 돌아간 상태에서도 신자들이 낙담하기는커녕 더 강렬한 믿음으로 무장하는 사회 현상을 보면서, 이를 '인지부조화cognitive dissonance'라는 개념으로 설명했다. 인지부조화란 자신의 태도와 행동이 믿음과 일치하지 않고 모순되어 양립할 수 없는 상태를 말한다. 누구라도 인지부조화 속에서는 살 수 없다. 페스팅거는 사람들이 외부의 정보를 왜곡시키면서 애써 인지부조화를 해소하고자 한다고 주장했다.

이처럼 우리가 강하게 믿고 있는 사실이나 원칙이 더 이상 현실에 맞지 않는다는 인식이 생길 때 고통스러운 인지부조화가 일어난다. 문제는 인지부조화가 일어났는데도 인간은 생각을 바꾸지 않고 자신을 합리화한다는 데에 있다. 이는 앞 장에서 말했던 내부 모델이나 정신적 여과장치에 의해 우리의 뇌가 자기중심적인 사고를 한다는 사실과 일맥상통한다. 인간은 자신이 듣고 싶은 것만 듣고 보고 싶은 것만 본다는 뜻이다.

우리의 뇌가 지각하는 것은 실제로 외부 세계에서 일어나는 일보다 뇌 속에서 일어나는 일과 더 관련이 있다. 조직을 관리하고 경영을 책임지는 사람들이 이 사실을 분명히 알고 있어야 한다. 특히 관리자들은 뇌가 가진 태생적인 편견과 오류로 인해 정보가 얼마든지 왜곡될 수 있다는 사실을 항상 염두에 두어야 한다. 또한 그 당사자가 자신일 수도 있다는 걸 인정해야 한다. 아니러니하게도 정보가 왜곡될 수도 있고 나 자신이 편견이 있을 수 있다는 사실을 인지하더라도, 뇌가 제공한 정보가 왜곡되었는지 아닌지를 나 스스로 알 방법이 없으며 의식적으로 알려고 해도 알 수 없다는 점이다.

상상하는 뇌, 왜곡하는 뇌

우리가 눈을 통해서 사물을 보기 때문에 뇌 역시 눈이 보는 것처럼 사물을 있는 그대로 볼 수 있다고 생각하기 쉬운데, 사실은 전혀 그렇지 않다. 뇌는 오감이라고 하는 다섯 가지 감각

기관으로부터 전송 되는 전기적 신호를 통해서 사물을 추정할 뿐이다. 뇌는 두터운 두개골로 둘러 싸여 있는, 외부로부터 빛이 전혀 들어오지 않는 캄캄한 암실camera obscura과 같다. 창문이 없는 폐쇄된 정사각형의 방을 떠올려 보라. 그 방 안에 하루 종일 있다 보면 지금이 낮인지 밤인지 여름인지 겨울인지 도무지 알 수가 없다. 반면 암실에 자그마한 창문이나 쪽문이라도 하나 있다면 상황은 달라진다. 창을 통해 시간의 명암과 계절의 변화를 감지할 수 있다. 뇌도 마찬가지다. 인간이 가진 다섯 가지의 감각기관은 암실의 창문과 같다. 외부 세계에 대한 시각과 청각, 미각, 후각 등의 정보가 우리 몸에 있는 감각수용기sensory receptor에 의해 들어오지 않는다면, 제아무리 고성능 정보처리 능력을 갖춘 뇌라도 사물을 인지할 수 없다.

이처럼 인간의 뇌가 사물을 직접 보거나, 듣거나, 냄새를 맡거나, 맛보거나 하는 게 아니다. 뇌가 직접 맛을 느끼기 위해 음식에 직접 접촉하는 것도 아니고, 또한 사물을 어루만지지도 않는다. 설사 뇌에 미뢰味蕾와 촉수가 있다 하더라도 문제는 간단하지 않다. 미끄덩거리는 뇌의 표면에 촘촘히 박혀 있는 미뢰가 직접 뜨거운 소머리국밥 속에 담겨져 매운지 짠지를 알게 할 수는 없는 노릇이다. 결국 뇌가 할 수 있는 일이라고는 마치 캄캄한 동굴 속에서 각기 다른 감각수용체의 세포막이 전달해 주는 전기신호를 받아서 바깥의 모습이나 상황을 상상할 뿐이다. 뇌는 이렇게 전달받은 수많은 전기적 정보를 이용하여 세상의 사물과 모습을 재구성한다.

조니 뎁 주연의 SF영화 「트랜센던스」는 두개골에 둘러싸인 뇌가 어떻게 외부 세계를 인지하고 조종하는지를 잘 보여준다. 인터넷까지 연결되다보니 신체활동을 조종하는 정도를 훨씬 넘어 인터넷에 연결된 어떠한 사물이라도 조종할 수도 있는 가능성도 보여준다. 지금은 걸음마 단계에 불과한 사물인터넷과 양자컴퓨터가 한 인간의 뇌를 완전히 대체할 수 있는 수준까지 발달한 가까운 미래의 한 시점에 벌어지는 일이다. 지적 능력은 이미 인간을 초월하고 거기에 자각 능력까지 갖춘 인공지능 슈퍼컴 PINN을 제작한 주인공 윌(조니 뎁)이 AI가 다스리는 세

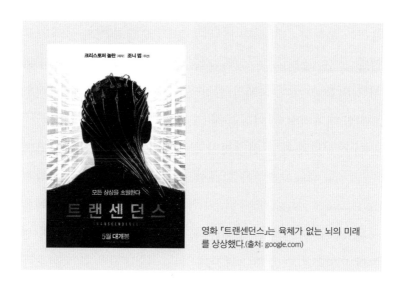

영화 「트랜센던스」는 육체가 없는 뇌의 미래를 상상했다.(출처: google.com)

상을 반대하는 반과학단체 RIFT의 테러를 받고 뇌사상태에 빠진다. 그의 아내이자 학술적 동반자였던 에블린은 사지는 죽고 겨우 살아남은 남편 월의 뇌를 슈퍼컴에 업로드시킬 계획을 비밀리에 진행한다. 그렇게 그녀는 남편이 영원히 컴퓨터 속에서 살아남는 길을 택한다. 이제 인공지능으로 다시 태어난 월은 인터넷이 연결되어 있는 한 세계 어디에나 24시간 존재하는 신이 된다. 손과 발, 눈과 귀는 없지만, 그의 뇌는 센서로 모든 사람과 연결되고 사물인터넷을 통해 세계를 떡 주무르듯 마음대로 조종할 수 있다. 2014년 개봉한 영화지만, 충분히 미래의 가능성을 상상해볼 수 있는 장면이다.

영화 속의 월처럼 인터넷을 이용하여 지구상의 모든 정보를 몽땅 끌어 모아서 이를 엄청난 성능을 지닌 양자 컴퓨터를 이용하여 분석하고 학습한다면 무결점, 무오류의 거의 신과 같은 인공 지능이 완성될 수 있다. 사물에 대한 인식도 거의 편견 없이 정확할 것이다. 하지만 인간의 뇌가 그렇게 되려면 아직도 요원한 이야기일 뿐 아니라 사실상 영원히 불가능할 것이다.

미국 MIT대학의 신경과학 분야 권위자인 에드워드 아델슨Edward H. Adelson 교수가 발표한 소위 '체크무늬-그림자 착시 checker-shadow illusion' 연구는 우리 뇌가 얼마나 자의적인 왜곡을 저지르는 기관인지 잘 보여준다. 우선 아래의 그림을 보며 왼쪽과 오른쪽 그림을 비교해 보자.

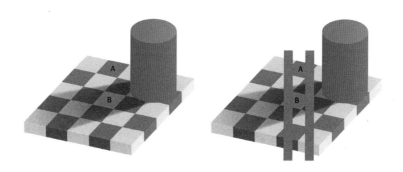

아델슨의 체크무늬-그림자 착시

　우선 왼쪽 그림을 보면, 바둑판무늬 타일 중에 짙은 회색의 타일 A와 흰색의 타일 B가 보인다. 그리고 옆에는 보라색 원통이 하나 세워져 있는데, 타일 위로 그림자를 드리우고 있다. 그림을 아무리 들여다봐도 타일 A의 색깔이 타일 B보다 더 짙고 어두워 보인다. 보는 사람마다 정도의 차이는 있을 수 있지만, 분명 타일 A와 타일 B의 색깔이 전혀 다르다는 건 확실해 보인다. 반면 오른쪽 그림으로 시선을 옮겨 보자. 타일 A와 타일 B의 색깔이 어떤가? 갑자기 타일 A와 타일 B의 색깔이 동일해 보인다. 두 타일 주변을 가리는 두 개의 넓은 자를 댄 것 말고는 두 그림의 차이는 전혀 없다.

　왜 이런 현상이 일어날까? 우선 타일 A는 주변을 둘러싼 흰색 타일들 때문에 상대적으로 더 짙은 색깔로 보인다. 반대로 타일 B는 짙은 회색 타일들 때문에 더 희게 보인다. 여기에 더

해서 우리가 주목할 부분은 옆에 꿔다놓은 보릿자루처럼 서 있는 원통이다. 그림자를 드리운 원통이 시야에 들어오면서 우리 뇌는 시키지도 않은 일을 스스로 한다. 분명히 동일한 색상과 명도의 시각 정보가 시신경에 전달되었지만, 뇌는 이러한 실질적인 정보를 무시하고 자기 나름의 해석을 추가한다. 그림자 아래에 있으니 검게 보일뿐 원래 흰색 타일일 것이라고 판단한 것이다. 이른바 여과장치가 자동으로 작동한 셈이다. 이제 굵은 두 개의 선을 평행하게 배치하여, 둘러싼 타일로 인한 대비 그리고 그림자로 인한 시각적 영향을 제거했다. 그제야 뇌는 타일 A와 타일 B가 동일한 색깔이었다는 사실을 간파한다. 결국 인간의 뇌는 주어진 정보를 가지고 사물을 있는 그대로 판단하기보다는 주위 환경(여기서는 둘러싼 타일들의 색깔과 원통의 그림자)과 비슷한 과거의 경험들을 총체적으로 고려하여 나름대로 시나리오를 작성한다.

한 가지 예를 더 들어보자. 일반적으로 뇌는 청각신호를 처리하는 것이 시각 신호를 처리하는 것보다 빠르다. 즉 시각 신호를 처리하는 데 190밀리세컨드가 걸리는 반면, 청각 신호는 160밀리세컨드 밖에 걸리지 않는다.[3] 만일 이것이 사실이면 우리가 걸을 때 구두가 땅에 닿는 것을 보기 전에 먼저, 물론 아주

---

3 밀리세컨드(msec): 밀리세컨드로 1,000분의 1초 단위를 나타낸다.

미세한 시간 차이이지만 '뚜벅'하는 구두소리를 들어야 하는데 과연 그런가? 각기 다른 감각 신호가 시간차를 두고 뇌에 전달되었다. 하지만 뇌는 이를 동시에 일어난다고 해석을 한 것이다. 그리고 이 해석은 앞의 경우와는 달리 도리어 사실과 일치한다. 실제로 구두가 닿는 순간과 소리가 나는 순간은 동시다.

앞의 사례들처럼, 뇌는 단순히 한 가지 감각 정보만 가지고 사물을 판단하지 않는다. 청각과 시각, 촉각, 미각, 후각 등 다양한 감각기관으로부터 들어오는 정보들을 일차적으로 종합하고 거기에 상황과 맥락, 개인적인 경험까지 더하여 총체적판단을 내린다. 그렇게 손바닥이 서로 맞부딪히는 순간과 '짝!'하는 소리 사이의 싱크sync가 되어 보이고 들리는 것이다. 설사그것이 사실이 아니더라도.

두려움의 뇌 — 편도체로 인한 의사결정

두려움은 우리의 의사결정에 어떤 영향을 미칠까? 먹고 먹히는 정글 한복판에서 피아彼我를 식별해야 하는 존재는 두려움이야말로 판단의 중요한 기준이다. '하룻강아지 범 무서운 줄모른다.'라는 말처럼 두려움이 없는 인류의 조상들은 대부분포식자들의 일용할 양식이 되고 말았다. 오늘날 살아남은 대부분의 현대인들은 두려움을 더듬이 삼아 이리저리 도망 다녔던 자들의 후손일 것이다. 다시 말해, 인간의 진화 과정 속에서 두려움은 생존에 필수적인 기제였다는 말이다. 그럼 이 두려움이란 감정을 관장하는 뇌 영역은 어디일까? 답은 편도체amygdala다. 편도체는 변연계를 이루는 기관 중 하나로 긴장과 공포, 두려움의 감정을 주관한다. 이 편도체는 기억을 담당하는 해마hippocampus 앞에 붙어있는데, 생긴 모양이 아몬드 같이 생겼다고 해서 '편도체扁桃體'라는 이름이 붙었다.

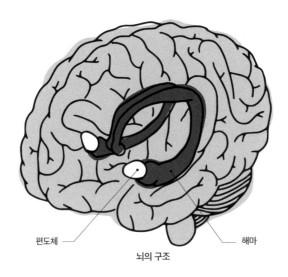

편도체 ⎯⎯   ⎯⎯ 해마

뇌의 구조

그럼 편도체는 어떤 과정을 거쳐 우리가 두려움의 감정을 느끼고 기억하게 만들까? 한밤중에 혼자서 좀비가 나오는 스릴러 영화를 보고 있다고 하자. 영화에서 무서운 장면이나 괴기스런 소리를 듣게 되면, 이 시각 정보와 청각 정보는 감각을 담당하는 시상에 우선 전해지며, 편도체는 이 정보에 '공포'라는 감정의 꼬리표를 달아 대뇌피질로 보낸다. 대뇌피질은 이를 이모저모 분석한 다음, 이에 대한 기억을 편도체 옆에 달린 해마에 저장한다. 이후에 영화에서 본 장면과 비슷한 경험을 하게 되면, 편도체에 의해 꼬리표가 붙은 공포감의 기억은 잽싸게 소환된다. 이때 논리적이고 이성적인 대뇌피질이 개입할 시간도 주지 않기 때문에 보통 공포감은 이성적인 사고를 앞지른다. 즉 외부로부터의 두려움이나 공포감 같은 자극에 대해 편도체가 출력한 신호는 대뇌피질로 보내져서 기억을 강화하고, 반대로 대뇌피질로부터 기억된 정보는 다시 편도체에 피드백을 넘겨준다. 공포영화의 거장 알프레드 히치콕은 이를 누구보다 잘 알고 있었다. 피가 흐르는 샤워기나 안심하고 있는 주인공에게 갑자기 들이닥친 고양이 등 대뇌피질이 미처 간섭하기 전에 편도체가 바로 반응하는 장면들을 사이사이에 삽입했다. 이와 같이 어떠한 자극에 의해 강한 공포감을 느꼈다면, 비슷한 자극에 쉽게 공포를 느끼는 것도 이 때문이다. 실제로 편도체의 이러한 기능은 편도체에 칼슘이 축척되어 망가지는 우르바흐-비테병Urbach-Wiethe disease을 통해서 확인할 수 있다. 이 질병으로 편도체가 손상된 환자는 공포를 느낄 수 없는 것은 물론이고 다른 사람의 표정조차 읽어내지 못한다는 연구 결과가 있다. 또한 편도체는 사소하지만 생명과 직결되는 자극에 대해서는 거의 노이로제 수준으로 민감하게 반응한다. 편도체에 '건강염려증에 걸린 기관'이라는 별명이 붙는 이유가 있다.

변연계의 작동원리(파페즈 회로)

인간의 감정과 기억 형성을 주관하는 변연계(Limbic System)의 작동 원리 대해서 좀 더 자세히 알아보자. 이를 위해 '파페즈 회로(The Papez Circuit)'를 인용했는데, 다소 전문적인 내용이라 흥미가 없는 분은 건너뛰고 다음 주제로 바로 넘어가도 된다.

변연계는 그 이름이 의미하듯이 하나의 단독적인 기관이 아니라 뇌간을 중심으로 주변부를 둘러싸고 있는 뇌 기관들을 총체적으로 일컫는 말이다. 이 부분은 보통 유아기인 2~3살이 되면 완성된다. 변연계는 사람을 비롯하여 개, 말, 코끼리 등과 같은 포유류들이 가지고 있는 뇌의 층이며 시상, 시상하부, 편도체, 해마, 측좌핵 등이 변연계를 이루는 주요 기관들이다. 1930년대, 미국의 신경 생리학자 파페즈(James Papez)는 변연계의 각 기관 사이의 상호 작용에 의해 감정이 나타난다고 주장했고, 그 작동 메커니즘을 '파페즈 회로'로 설명했다.

파페즈 회로 이론에 따르면, 시각을 비롯한 각종의 감각 정보가 시상을 통해 들어오게 되면, 시상에서 전시상핵Anterior thalamic nucleus으로 감각 정보에 대한 신호를 전달한다. 다시 전시상핵에서 대상회Cingulate gyrus 쪽으로 신호가 전달되면 신피질Neocortex과 대상회 사이의 상호작용에 의해 감정이 다른 정보와 연합하여 나타난다. 따라서 현재까지 감정의 경험은 주로 대상회에서 나타나는 것으로 여겨지고 감정과 다른 정보들의 연합은 신피질에서 일어난다고 여겨진다. 대상회는 다시 해마 쪽으로 신호를 보내 뇌궁Fornix과 유두체Mammalian body를 거쳐 시상으로 신호를 보낸다. 이 과정을 통해 감정이 강화되거나, 외측 시상하부로 신호가 전달되어 감정에 의한 행동적 표현이 나타난다. 이와 같이 감정은 전적으로 변연계의 문제만은 아니며, 실제로는 변연계에서 유발되어 신피질로 투사된 신호에 의해 신피질의 다른 정보와 연합한 결과 감정이 나타난다고 보아야 한다. 우리가 감정을 의식하고 있을 때에는 과거의 기억이나 현재 느끼는 감각 자극 등 여러 요인에 의해 감정이 변화하는데, 이것은 대뇌피질과 서로 연합한 결과이다. 즉 입력된 자극에 대해 편도체가 출력한 신호가 대뇌피질로 보내져서 기억을 강화하고, 반대로 대뇌피질로부터 기억된 정보는 다시 편도체에 피드백을 준다.

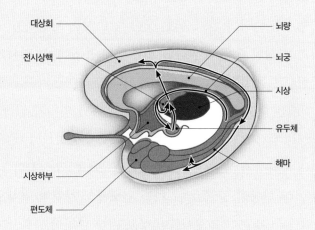

두려움의 뇌, 편도체로 인한 의사결정

그러나 생존에 도움이 되었던 이 공포감이 도리어 생존에 위협이 되기도 한다. 편도체가 우리 앞에 도사리고 있을 수 있는 잠재적 위협에 반응하여 즉각적이고 부정적인 신호를 발생하는 건 좋지만, 때로는 이 잠재적 위협이 내포하고 있는 사회적 단서social clue에 대해 필요 이상으로 집착하여 종종 잘못된 의사결정을 내리기 때문이다. 국제항공운송협회IATA가 공개한 「항공기 안전보고서」에 따르면, 2020년 한 해 동안 발생한 크고 작은 항공기 사고는 총 38회에 불과했고, 이중 치명적인 사고는 단 5회에 그쳤다. 이것은 여객기가 비행을 백만 번 했을 때 1.71번 사고를 겪을 수 있다는 의미이기도 하다. 또한 적어도 한 번의 사고를 겪기 위해서는 461년 동안 매일 하루도 거르지 않고 비행기를 타야만 한다. 이는 굳이 죽고 사는 치명적인 사고를 당하는 경험을 하고 싶다면, 20,932년 동안 매일 비행기를 타면 된다는 뜻이기도 하다. 하지만 비행공포증을 가지고 있는 사람에게는 이와 같은 객관적인 통계치는 별 의미가 없다. 그에게는 비행기가 난기류나 기체 이상으로 추락하거나 테러 등에 의해 폭발하지 않을까 하는 걱정과 공포심이 우선한다.

왜 이런 현상이 일어날까? 이는 편도체의 강력한 영향으로 인간의 뇌가 객관적 통계치를 바탕으로 한 합리적 판단보다는 비행기 사고에 대한 막연한 공포감에 종종 지배당하기 때문이다. 특히 911테러와 같은 끔찍한 테러나 기체 고장에 의한 비행기 사고를 직간접적으로 경험한 사람의 편도체는 자신도 이로 인해 사고를 당할 수 있다는 잠재적 위협을 필요 이상으로 과대 평가한다. 객관적 판단이 아니라 주관적 왜곡으로 내적 불안이 증폭되는 것이다. 편도체가 건강염려증에 걸린 기관답게 작동한 결과다.

우리가 알고 있는 사회적인 통념과 실제적인 통계가 다른 사례는 많다. 2013년, 포뮬라-원F-I의 황제 미하엘 슈마허Michael Schumacher가 프랑스의 설원에서 산악 스키를 타다가 그만 불의의 사고로 심각한 부상을 입고 혼수상태에 빠졌다. 잘못된 코스로 진입하다가 절벽에서 그대로 고꾸라진 그는 더 이상 레이싱카를 몰 수 없을 정도로 뇌와 목 부상이 커서 결국 은퇴하고 말았다. 최고 시속 350킬로미터의 속도로 구불구불한 트랙을 자유자재로 질주하던 그가 고작 스키를 타다가 생사를 넘나드는 대형 사고를 당했다는 뉴스가 전해지자 사람들은 깜짝 놀랐다. 그러나 통계에 따르면, 포뮬라-원 경주에서 사고가 발생할 확률보다 산악 스키를 즐기다가 사고를 당할 확률이 더 높다고 한다. 대중의 통념과 달리, 스키가 자동차 경주보다 더 위험한 스포츠였던 셈이다.

이처럼 사람들은 특정 사고에 대한 위험도를 높게 책정하려는 경향이 있다. 이 경향은 우리 뇌가 가지고 있는 위험을 회피하고자 하는 특성을 잘 보여준다. 과학자들이 말하는 '위험회

피로 인한 실수risk aversion mistake'도 우리 뇌의 편도체와 전측엽에서 벌어지는 현상으로 설명된다. 보통 사람들은 이익을 얻는 것보다 손실을 피하는 것에 우선순위를 둔다. 영국 속담에 '손에 든 새 한 마리가 숲 속의 새 두 마리보다 낫다A bird in the hand is worth two in the bush.'라는 말이 있다. 지금 당장 내 손아귀에 쥔 새 한 마리를 잃는 것이 새로이 새 두 마리를 잡으러 나서는 도전보다 더 낫다는 뜻이다. 이를 금전적으로 표현하면, 20만 원을 벌겠다고 도리어 10만 원을 잃을 수도 있는 위험에 자신을 맡기려 하지 않는 것이다.

이는 실험으로도 입증되었다. 미국 노스캐롤라이나대학의 카멜리아 쿠넨Camelia M. Kuhnen과 스탠퍼드대학의 브라이언 넛슨Brian Knutson 교수가 기획한 '투자게임 실험'이 그 전형적인 사례다. 실험에 임한 참가자들은 두 종류의 주식과 한 종류의 채권에 투자하도록 요구받았다. 두 개의 주식 중에서 하나는 투자를 이어갈수록 수익이 나는 우량주였지만, 다른 하나는 투자를 거듭할수록 손실이 커지는 불량주였다. 한편 채권은 위험자산인 주식과 달리 수익률은 그리 높지 않으나 꾸준히 이익을 낼 수 있었다. 연구자들은 투자 과정에 참여한 참가자들의 뇌를 fMRI로 스캔하며 투자 시 뇌에서 일어나는 변화들을 기록했다. 실험 결과는 매우 흥미로웠다. 부실한 주식에 투자해서 손실을 겪은 참가자는 우량주에 투자하기보다는 채권으로 투자금을 몰았다. 우량주가 채권보다 분명 더 많은 수익을 낼 수 있다는 사실을 잘 알고 있었지만 그들은 상대적으로 수익률이 낮아도 안전한 채권을 선택한 것이다.

전형적으로 위험을 피하려는 경향을 보인 셈이다. 손실로 인해 좋지 않은 기억을 가진 투자자들이 손실을 또 볼 수 있다는 불안감으로 이성적인 판단을 내리지 못하는 것이다. 자신은 아무리 이성적으로 투자하고 싶어도 이미 그의 편도체는 불안한 감정 신호를 대뇌피질로 보내고 동시에 이전의 나쁜 기억을 소환하여 불안한 감정을 더욱 고조시킨다. 그래서 우량주를 선택하기 전에 이미 무의식적으로 전측엽이 활성화되어 손실에 대한 불안감을 증폭시키는 신호를 보내는 것이다. 이 과정에서 연구자들은 fMRI를 통해 위험을 예측하는 뇌 부분이 활성화되면 될수록 위험을 피하려는 부분도 덩달아 활성화되는 것을 확인할 수 있었다. 대부분의 사람들이 숲에 나가 사냥을 하기보다는 수중에 잡고 있는 새를 그냥 지키려고 안주하는 이유가 여기에 있다.

기업이든 개인이든 중요한 의사결정을 내려야 하는 순간이 온다. 개인 성향이나 관점, 성격이 공격적일 수도 있고 보수적일 수도 있다. 분명 지나치게 낙관적이고 적극적인 자세로 의사결정을 내리는 것도 지양해야 하지만, 그렇다고 과거의 실패 때문에 객관적으로 따져보아도 확실히 유리한 기회를 놓치는 우를 범하지는 말아야 한다. 기업을 인수하거나 합병할 때, 투자를 유치할 때, 그리고 신규 사업을 론칭할 때와 같이 중요한 판단을 내려야 하는 순간, 우리가 의식하기도 전에 편도체나 전측엽에서 불길한 신호를 대뇌피질에 보내고 있다는 사실을 염두에 둘 필요가 있다. 괜히 편도체가 개입하여 만든 불안감과 공포감이 주는 부정적인 감정에 휘둘리기보다는 대뇌피질을 통한 정확한 정보 수집과 분석, 그리고 이를 기반으로 한 합리적이고 이성적인 판단을 내려야 한다. 하지만 어쩌랴? 이마저도 의식 아래 깊은 무의식의 심연에서는 나도 어쩔 수 없는 불안한 감정이 스멀스멀 올라오고 있는 것을.

'말 안 되는 실제'보다는 '말 되는 허구'를 좋아하는 뇌

얼마 전부터 전 세계 영화 시장을 석권하고 있는 미국 할리우드 영화의 대표적인 블록버스터 중에 「어벤져스」라는 영화가 있다. 영화는 무척 재미있다. 스토리는 말이 안 되지만 재미면에서는 어떤 영화에도 뒤지지 않는다. 캡틴 아메리카, 토르, 헐크, 아이언맨 등 아기자기하고 멋진 캐릭터들의 화려한 액션과 저마다의 독특한 초능력이 볼만하다. 각종 매스컴을 통해마블 영화의 본편과 속편, 다양한 스핀오프 등이 소개되고 흥

내내진다. 그러나 한편으로는 세상 물정을 훤히 아는, 지극히 현실적인 어른들이 볼 영화인가 하는 생각도 든다. 각 캐릭터의 전제 안에서 스토리는 무궁무진 흥미진진하지만, 작심하고 그 전제부터 까보면 도저히 앞뒤가 맞지 않는다. 우선 캡틴 아메리카는 북극에 냉동인간으로 갇혀 있다가 세상 빛을 본 105세의 남성이다. 나이에 걸맞지 않게 중세 때 기사들이나 사용했음직한 방패를 하나 꿰차고 여기저기 뛰어 다닌다. 이 방패는 비브라늄 합금으로 제작되어 부서지지도 않고 닳지도 않는다. 가해지는 에너지의 대부분은 방패가 흡수해버린다.

그나마 캡틴 아메리카는 인간적인 면이라도 있다. 토르는 신화적 인물 그 자체다. 나이는 1,500살이고 대장간에서나 쓰면 딱 좋을 무식하게 생긴 망치를 들고 날아다닌다. 부르면 알아듣고 바로 날아오는 그 망치로 하늘에서 번개를 모아 적을 공격한다. 아이언맨은 강철로 된 수트를 입고 손바닥에서 나오는 화염을 추진력 삼아 날아다닌다. 헐크는 여차하면 부풀어 오른다. 어느 모로 보나 현실과는 거리가 먼 허무맹랑한 설정이며 스토리다. 동양권에는 이미 오래전부터 이와 비슷한 장르가 있었다. 바로 무협소설이다. 일갑자가 넘는 내공을 가진 강호의 절정 고수는 귀시대법(호흡을 멈추고 심장 박동까지 정지시켜 적에게 들키지 않는 비법)이나 능공허도(하늘을 걸어 다닌다는 경신술)처럼 물리법칙을 예사로 거스르는 현란한 권법들을 잘도 구사한다.

분명 말도 안 되는 이야기지만, 우리나라 남자들치고 무협지 한 번 안 읽어본 사람 없을 것이다. 개중에는 거의 폐인 수준의 마니아도 있다. 이와 같이 동서양을 불문하고 이야기의 면면을 보면 우리가 중고등학교 과학수업 시간에 배운 상식하고는 너무나 거리가 먼 설정인데도 사람들이 이에 열광하고 빠져드는 이유는 뭘까?

영화에서처럼 냉동인간이 다시 되살아날 수 있을까? 번개를 부르는 망치, 모든 공격을 막아내는 방패, 화가 나면 온몸이 녹색으로 바뀌는 것도 모자라 복어처럼 몸집이 몇 배나 커지는 사람이 현실적으로 과연 가능할까? 영화「와호장룡」에서처럼 전설적인 청명보검을 뺏고 뺏기는 과정에서 남녀 주인공들이 중력을 무시하고 대나무 숲을 훨훨 날아다니는 게 21세기 과학 교육을 받은 일반 현대인들의 상식에 맞는 설정일까? 이렇게 따지고 들어가면 영화를 볼 마음이 싹 사라질 것 같지만, 사실 우리는 아이언맨의 가슴에 박혀 있는 원자로가 스타크 본인을 녹여버릴 만큼 가공할 위력을 가지고 있는지의 여부에 상관없이 영화 자체에 열광한다. 망치와 방패는 막강한 악의 힘을 물리치는 과정에 있어서 영화적 수단에 불과할 뿐이다. 사실 더 강력하고 말이 안 될수록 좋다. 타노스처럼 별 하나를 부술 만한 힘을 가졌다면 어떨까? 전혀 문제될 것이 없다. 결국 멋진 영웅들이 모여 우주의 질서를 파괴하고 인류를 말살하려고 하는 악의 무리와 맞서 싸워 승리하는 스토리가 중요하다. 우리가 정작 관심을 갖는 것은 과학 상식이 아닌 영웅과 사랑, 질투, 모함, 우정, 분노, 선악 같은 요소들이 얽히고설키며 전개되는 스토리다.

우리는 대체 왜 이런 허황된 이야기에 빠질까?(출처: google.com)

우리의 뇌는 이런 허구를 좋아한다. 원래 인간의 뇌는 실체를 보는 것이 아니라 외부에서 신경세포로 전달된 전기 신호를 보고 외부 세계를 추정하기 때문에 이러한 영화 속 허구에 익숙하다. 뇌는 그럴듯한 스토리를 좋아한다. 미국의 유명한 인지심리학자인 로저 생크Roger Schank와 로버트 아벨슨Robert Abelson은 "이야기는 지식 축적의 핵심이며 중요한 정보는 이야기의 형태로 저장된다."라고 했다. 그러면 왜 뇌는 이처럼 스토리를 좋아하도록 진화했을까? 뇌는 사실이나 데이터보다는 이야기나 맥락에 쉽게 매료되도록 적응했기 때문이다. 무엇보다도 이야기는 중요한 정보를 기억하는 데 효과적인 방법이다. 사람의 대표적인 기억으로는 의미론적 기억semantic memory과 일화적 기억episodic memory이 있다. 전자는 사물 또는 사실에 대한 기억을 의미한다. 즉 '자동차'를 '자동차'로 기억하는 것이다. 길을 걷다가 넘어졌을 때는 그 '넘어진' 행위를 기억한다. 반면 후자는 사물이나 사실에 대한 정보에 장소와 시간의 정보를 더해서 마치 이야기처럼 기억하는 것이다. 즉 '언제' '어디서' '무엇을' 경험했다는 식으로 기억하는 것이다. 이런 일화적 기억은 다시 불러오기 쉽다.

우리 뇌는 거대한 도서관의 사서司書와 같다. 특정 경험이나 사건은 뇌의 아무 곳이나 그냥 제멋대로 쑤셔 넣지 않고 일정한 꼬리표Tag를 붙여 책장에 체계적으로 분류한다. 이 꼬리표에는 그 사건이 일어난 시간과 장소의 정보, 사건의 의미, 심지어 사건과 관련된 감정 등이 담겨 있다. 해마는 이처럼 꼬리표가 달린 기억들을 저장하는 서고와 같다. 이렇게 우리 뇌가 기억을 저장하는 이유는 나중에 해당 기억을 소환할 때 사건에 꼬리표된 장소와 시간, 감정의 정보를 동시에 가져오므로 쉽게 기억을 되살릴 수 있기 때문이다. 이때 기억장치를 작동시키는 데 스토리는 위력을 발휘한다. 스토리를 통해서 형성된 일화적 기억은 의미론적 기억보다 오래 간다. 일화적 기억은 오랫동안 저장할 수 있을 뿐 아니라 이를 타인에게 전달할 때도 유리하다. 우선 기억을 끄집어내기도 쉽지만 전달받는 사람도 이를 기억하기가 쉽다. 사건에 대한 묘사가 아니라 앞뒤 전후 전체적인 맥락과 더불어 스토리에 녹아 있는 감정까지 전달되다 보니, 기억이 영화처럼 시간별로 이미지화 되고 기억과 관련된 감정 역시 기억에 각인된다. 기억을 관장하는 해마와 감정에 관련된 편도체 등을 포함한 변연계 기관들과 논리적인 사고력을 관장하는 대뇌피질까지 모두 연관되어, 이야기를 기억하고 이를 소환하기도 하는 것이다.

뇌가 스토리를 좋아하는 또 다른 이유는 인류가 오랫동안 진화 과정을 통해 얻어낸 사고의 결과일 수 있다. 어떠한 사건이 발생했을 때 인간은 '왜' 그러한 일이 발생했는지에 대해서 무척 궁금해 한다. 인간의 뇌는 어떠한 일이 '우연히 발생했다.'거나 '알 수 없는 이유로 일어났다.'라는 설명을 좀처럼 받아들이지 못하는 것 같다. 이른바 '아니 땐 굴뚝에 연기 날리 없다.'라고 지레 가정한다. 그 일이 일어날 아무런 이유도 없는데 실제로 그 일이 일어나 손쓸 수 없는 상황이 될 것 같아 안절부절한다. 모든 일에는 이유가 있다고 추정하는 것이 만사 안전하다. 만일 이것들로 인해 생명이나 안전에 치명적인 영향을 줄 가능성이 있다는 생각이 들면 더욱 불안해하며 집요하게 그 원인을 찾아내고자 한다. 뇌는 새로운 정보를 업데이트받기 위해 끊임없이 주위를 탐색한다. 출퇴근길에 지하철 안에 있는 사람들을 둘러보라. 지친 일상에 꾸벅꾸벅 조는 사람도 있겠지만 쉴 새 없이 모바일폰을 주시하면서 그날 뉴스와 사건사고를 검색하고 친구 SNS에 댓글을 남기고 있다. 이제 모바일폰에서 시선을 지하철 광고로 옮겨간다. 성형미인 사진을 내건 병원 광고, 아이돌 사진 등 수많은 정보를 수집하여 뇌에 업데이트시키느라 우리 뇌는 바쁘다. 이러한 정보 수집 과정에서 지하철 승강장의 틈새가 넓어 자칫 발이 빠질 위험이 있는 것을 발견했을 때는 최근에 발생한 끔찍한 지하철 사고를 연상하면서 '위험하다'는 감정의 꼬리표를 달아서 해마에 저장한다. 이후 같은 승강장에 들어설 때마다 틈새 넓은 승강장에 대한 정보는 감정과 함께 소환되며 안전선 밖으로 나가는 것을 극히 두려워하게 한다. 이와 같이 사소한 것이라도 그것이 위험하다고 판단되면 뇌의 편도체는 격하게 반응한다. 이렇게 토끼같이 소심한 뇌 덕분에 인류는 지구상에 오랫동안 생존할 수 있었다.

해안 지방에는 유달리 미신이 많다. 용龍과 관련된 전설도 많고 마을을 수호하는 당산과 관련된 설화도 많다. 먼 옛날 우리

조상들은 태풍이 불거나 해일이 일어나는 이유를 알지 못했다. 여러 세대를 거쳐 이 현상을 설명하기 위하여 온갖 상상력과 지혜를 발휘하여 알아낸 것이 결국 바다의 신인 용왕이 노하여 태풍과 해일을 일으킨다는 그럴듯한 이야기다. 이제 원인을 알았으니 대처하는 방법은 의외로 간단하다. 날을 정해 용왕님에게 제물을 차리고 열심히 기도하는 것이다. 바다에 정말 용왕님이 사는지 또는 실제로 보았는지의 여부는 중요치 않다. 만일 용왕님 설화가 없었다면, 사람들은 생업과 생존을 위협하는 자연 현상에 대해서 다른 합당한 원인을 찾을 때까지 불안에 떨며 안절부절 못했을 것이다. 용왕님을 통해서 드디어 마음의 평화를 찾은 것이다. 그전까지 뇌는 끊임없이 불안감에 괴로워했다. 뇌가 받아들일 만한 그럴듯한 이야기에 그제야 뇌는 안심한 것이다.

뇌가 이렇게 워낙 스토리를 좋아하다 보니, 스토리를 맹신함에 따르는 허점도 있다. 실제 예를 들어보자. 미국의 한 식품 회사의 마케팅 총괄 임원인 리즈Liz는 생산 중인 케이크 라인 중에서도 저탄소화물 케이크 라인에 대한 마케팅 계획을 수립하고 있었다. 그 당시 일반 소비자들에게 알려져 폭발적인 반응이 일고 있었던 아트킨스 다이어트Atkins diet 열풍에 편성하여 새로운 제품을 출시하려는 시도였다. 대부분의 식품 회사들도 이 열풍을 이용하여 경쟁적으로 저탄소화물 식품에 대한 대대적인 마케팅전략을 수립, 실행하고 있었다. 그러나 그녀가 시장 조사를 통하여 알아낸 사실은 소비자들이 그녀의 회사 과자를 사지 않는 이유가 '저탄수화물 다이어트를 하기 위해서'라고 답하는 소비자는 거의 없었다는 것이다. 이것은 전혀 예상하지 못한 반응이었다. 만일 그렇다면 저탄수화물 제품 라인에 대한 마케팅을 강화하더라도 매출이 늘어나지 않을 것이다. 이에 착안하여, 그녀는 변덕이 심한 다이어트 분야보다는 성장 가능성이 높은 다른 분야, 당뇨병을 가진 소비자를 위한 무설탕 케이크 제품을 새로 추가했다. 그 결과, 매출뿐 아니라 이익에 있어서도 좋은 성과를 거두었다. 이와 같이 막연하게 저탄소화물 다이어트 붐으로 인해 시장에 형성되고 있다는 스토리에 현혹되기보다는 시장 현상에 대한 정보를 다양한 관점에서 분석하여 실제를 아는 것이 중요하다.

다른 사례도 보자. 회사가 신제품을 시장에 출시했을 때의 일이다. 제품의 마케팅 전략이 주효했던지 1분기도 채 지나지 않아 좋은 성과를 내기 시작했다. 물론 마케팅팀에서는 정확한 타깃층 선정과 경쟁력 있는 가격 설정, 이를 뒷받침해주는 프로모션이 주효했다고 평가서를 썼다. 그러나 필자는 제품이 그렇게 단기간에 시장의 호응을 얻기 어려울 것이라는 생각을 떨칠 수가 없어서 성과 분석을 다시 해보라고 요청했다. 아니나 다를까 매출은 일부 특정한 고객으로부터 발생했으며 그것도

대체 장비가 없어서 할 수 없이 구매한 것들이었다. 마케팅이 본래 타깃으로 삼았던 고객도, 전략적인 가격이나 프로모션으로 인해 발생한 매출도 아닌 그야말로 우연히 맞아 떨어진 결과였다. 해당 제품은 시장의 니드와 맞지 않아 곧 시장에서 사라졌다. 만약 마케팅팀의 앞뒤가 딱딱 맞는 보고서에 현혹 되었다면 잘못된 의사결정을 할 뻔한 경우이다.

보통 비즈니스가 장기간 지지부진하거나 하락세에서 벗어나지 못할 때 이를 모면하기 위해 경영진이 내놓는 방안으로는 사람을 교체하는 것이다. 사람을 바꿈으로 부진의 책임을 지우는 동시에 조직의 분위기 쇄신을 노리는 셈이다. 재미있는 것은 많은 경우 사람을 교체한 후 곧잘 회사의 여러 가지 지표들이 좋아지며 성과가 난다는 것이다. 새로운 사람이 보여준 탁월한 능력 때문에 긍정적인 퍼포먼스가 나올 수 있지만, 다른 한편으로는 그동안 가라앉았던 여러 지표들이 바닥을 찍고 서서히 회복되는 시기와 운 좋게 맞아떨어진 결과일 수도 있기 때문이다. 특히 단기간에 성과가 나아졌다면 이것은 분명이 후임자에 의한 효과가 아닐 것이다. 그럼에도 불구하고 경영진들은 그들의 탁월한 선택에 만족하며 사람 보는 눈과 선견지명을 자랑한다. '능력이 부족한 전임자를 내보내고 능력 있는 후임자를 뽑았는데 이후 성과가 났다.'라는 스토리에 대만족한다. 성과가 좋은 이유를 따져보지도 않고 무작정 해당 인사를 칭찬

하거나 마치 구세주처럼 떠받드는 것은 경영의 미숙함을 드러
내는 것이다.

이와 같이 사람의 마음을 움직이는 것은 '사실' 그 자체보다
는 맥락이 있는 사건이나 사물을 엮은 스토리이다. 하지만 이
로 인해 사람들은 잘못된 의사결정을 할 때가 많다. 스토리를
좋아하는 뇌의 실수를 방지하기 위해서는 그럴듯한 스토리라
하더라도 먼저 그것이 어떤 사실들로 이루어져 있는가를 먼저
확인해야 하고, 이 사실들의 연결 고리들도 정확히 서로가 인
과관계를 가지고 있는지 확인함으로 스토리의 진실 여부를 가
려내야 한다.

'무엇이다'가 아닌 '무엇으로 보인다'가 맞다

다음 그림을 한 번 들여다보자. 자, 무엇이 읽히는가? 사실
왼쪽 그림과 오른쪽 그림은 점 하나 다르지 않고 좌우를 포개
면 완전히 일치하는 100퍼센트 동일한 그림이다. 그런데 우리
가 어느 방향으로 읽느냐에 따라 두 그림은 완전히 다른 그림
으로 다가온다. 가로로 읽으면 알파벳 A, B, C가 차례로 보이고,
세로로 읽으면 숫자 12, 13, 14가 순서대로 보인다. 그렇다면
중간에 박혀 있는 글자는 과연 알파벳 B일까, 아니면 숫자 13

일까? 사실 어느 쪽으로 읽어도 상관없다. 알파벳 B와 숫자 13을 대표하는 모양을 동시에 갖고 있기 때문이다.[4] 이 그림을 통해 우리가 알 수 있는 건 뇌가 '어떤 맥락에서' B와 13 모두를 뜻하는 글자(숫자)를 읽느냐가 중요하다는 사실이다. 이러한 지각적 추론 능력은 인간이 사물의 실체를 최대한 빠르고 효과적으로 파악하여 시시각각 변하는 환경에 즉각 대처하기 위해 진화 과정에서 확보한 능력이다.

인간의 뇌는 모든 것을 완전한 하나의 형태, 즉 게슈탈트 Gestalt로 인식한다. 게슈탈트라는 개념은 본래 '형태形態'를 뜻하

---

4 김병곤, 퓨처 드림(부천: 피톤치드, 2019), p.295

는 독일어에서 나왔는데, 이는 인간의 뇌가 눈에 보이는 사물들을 여러 부분으로 이해하는 게 아니라 완전한 구조와 전체성을 지닌 통합된 전체로 이해한다는 사실을 보여준다.

• 게슈탈트 이론 •

인간은 사물을 개개의 감각적 부분이나 여러 요소들의 집합이 아니라 하나의 통일된 전체로 본다는 이론이다. 인간의 모든 감각은 개별 요소들로 분해할 수 없고 서로 결합된 하나의 전체성을 가진 구조로 사물을 이해한다. 이 전체성을 독일어로 '게슈탈트'라고 하는데, 이는 우리말로 '형태'라는 뜻이다. 심리학자 쿠르트 레빈(Kurt Lewin) 등에 의해 오늘날 형태주의 심리학으로 발전했다.

인간이 이처럼 추론적 지각 능력을 발휘하여 사물을 게슈탈트로 수용할 수 있는 이유는 지금까지 여러 이론들로 설명되어 왔다. 그중에서 필자는 진화심리학적 관점에서 이를 이해하는 것이 가장 설득력이 있다고 판단한다. 선사시대 인간은 오랜 수렵 채집의 시기를 거치면서 생존과 번영의 본능들이 DNA 속에 차곡차곡 축적되어 왔고, 진화 과정에서(진gene으로든 밈meme으로든)이 정보를 다음 세대에 고스란히 전수해왔다. '싸울 것인가 도망갈 것인가fight or flight'를 결정하는 데 이 정보는 매우 유용하게 쓰였다. 어두컴컴한 덤불숲 속에 웅크리고 앉아

먹잇감의 목덜미를 노리고 있는 포식자를 얼마나 빨리 찾아내는가 하는 문제는 우리의 생존과 바로 직결되는 문제가 된다. 나뭇잎 사이로 언뜻 비치는 얼룩덜룩한 무늬들을 보고도 표범을 그려낼 수 없는 선사 인류는 모두 잡아먹혔다. 오로지 몇 가지의 단서만으로도 표범의 게슈탈트를 빠르게 찾아내고 도망친 인류만이 잡아먹힐 위험에서 살아남아 자신의 이러한 DNA를 자손에게 남길 수 있었다.

출처: Mark R. Holmes. National Geographic Society

인간은 이미 진화를 거듭하면서 생태계의 정점에 올라 더 이상 그때처럼 도망칠 필요가 없어졌지만, 이런 추론 능력은 화석처럼 그대로 뇌에 내장되었다. 위의 그림을 보면 무엇이 보이는가? 피자 파이처럼 생긴 세 개의 원형 도형에 두 개의 삼각형이 보일 것이다. 그 유명한 '유대인의 별'이다. 그러나 사실 그 어디에도 삼각형은 없다. 단지 뇌가 가상의 선을 그어 두 개의 삼각형이 서로 포개어져 있다고 추론해낸 것뿐이다. 이처럼 추론은 이전의 기억을 참고하여 다음에 벌어질 개연성이 높은 방향으로 형태를 그린다. 세 개의 원형 도형들의 열린 방향이 우연히 위와 같이 배치되는 확률보다는 세 개의 원 위에 삼각형 모양의 투명 도형이 얹혀 있을 가능성이 더 높기 때문에 뇌는 시키지도 않았는데 그렇게 추론한 것이다.

이와 같이 동일한 정보를 뇌는 상황과 경험에 따라서 다르게 인식하고 추론한다. 즉 뇌는 '무엇이다'보다는 '무엇으로 보인다'라는 것으로 사물을 인식한다. 이러한 추론적 지각능력은 에너지 소모를 최대한 줄이면서 인간의 생존가능성을 높이는 긍정적인 측면이 많다. 하지만 추론이 범할 수 있는 오류에 대해서도 우리는 인지하고 있어야 한다.

현대 사회는 모든 영역에 걸쳐서 급속한 환경의 변화가 있고 더불어 패러다임도 순간순간 변하고 있다. 이로 인해 더 이상 과거의 경험이나 지식이 통용되지 않을 뿐만 아니라 그 중요성도 떨어지고 있다. 이런 현대에 살면서 사물과 사건을 정확하게 인식하기 위해서는 다양한 각도에서 이를 해석하고 기존에 미처 보지 못했던 다양한 해석의 가능성을 항상 열어 두어야 한다. 그렇게 함으로써 과거의 해묵은 정보를 바탕으로 하는 뇌의 잘못된 추론으로 인한 '무엇이 보인다'가 아닌 실제인 '무엇이다'를 찾아내어야 한다.

2부
뇌경영학

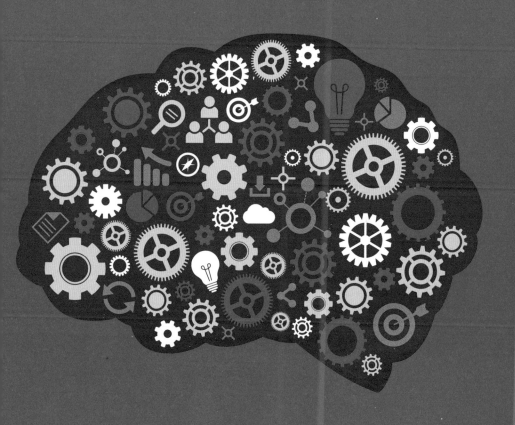

Praxis

4장

하나마나한 코칭
—코칭의 헛점—

우리는 언제나 자신을 진실의 근원이라고 자부한다.
그러나 실은 오류의 근원일 가능성이 많다.

본문 중에서

클린트 이스트우드 감독의 영화 「밀리언달러 베이비」는 위대한 선수를 만들기 위한 위대한 코치의 이야기를 보여줌으로써 코칭의 중요성과 진정한 코칭이 무엇인가를 깨닫게 하는 명작이다. 동네 낡은 체육관을 운영하는 프랭키(클린트 이스트우드)는 친딸로부터 의절을 당한 채 여생을 아무런 희망도 없이 살아간다. 벌써 이십여 년 넘게 딸에게 편지를 보내지만 하나

같이 반송되어 뜯지도 않은 편지가 그의 책상에 차곡차곡 쌓일 뿐이다. 그는 현역일 때 자신의 코너에서 세컨드를 맡았다는 인연으로 은퇴 복서이자 친구 스크랩(모건 프리먼)에게 체육관 살림을 맡긴다. 그러던 어느 날, 서른하나라는 늦은 나이에 권투선수가 되겠다고 매기(힐러리 스웽크)라는 여자가 그를 찾아온다. 명성을 듣고 왔다며 자신을 받아서 선수로 키워 달라고 부탁하지만, 프랭키는 "난 여자는 안 키워."라며 매몰차게 거절한다. 그러나 지성이면 감천이라고 했던가. 권투가 유일한 희망이었던 매기는 매일 체육관에 나와 홀로 샌드백을 쳤고, 그런 그의 꾸준함에 프랭키의 마음은 점차 열리게 된다.

사실 프랭키는 매기가 체육관을 찾아왔을 때부터 그녀의 재능을 한 눈에 알아봤다. 다만 자신이 애지중지 키운 제자들이 타이틀전을 가질 때마다 늘 안 좋은 일을 겪는 것에 트라우마를 간직하고 있었기 때문에 그녀 역시 밀어냈던 것이다. 프랭키는 자신의 세컨드를 맡았던 스크랩 역시 자기 잘못으로 108번째 경기 중에 한 쪽 눈을 잃었다고 자책할 정도였다. 하지만 매기의 열정은 결국 프랭키가 트라우마를 극복할 수 있게 했고, 뒤늦게 데뷔한 매기는 하루가 아까운 듯 경기마다 KO승으로 연전연승하며 고작 1년 반 만에 WBA 세계 웰터급 챔피언 타이틀샷을 받게 된다. 그녀의 상대는 더티복싱으로 악명 높았던 푸른곰. 상대를 다운시키며 자신의 페이스대로 경기를 잘

풀어가던 매기는 공이 울린 뒤 방심하던 찰나 자신의 뒤에서 날아온 펀치에 일격을 맞고 그대로 쓰러진다.

그 사고로 그녀는 모든 걸 잃게 된다. 1번, 2번 경추가 부러져 권투는커녕 손가락 하나 까딱할 수 없는 전신마비 상태로 평생 호흡기에 의지해 살아가야 했다. 혈액순환이 안 되니 욕창에 다리까지 절단해야 하는 상황에 이르자, 매기는 프랭키에게 자신을 죽여 달라고 부탁한다. "다 가졌기 때문에 전 여한이 없어요." 차마 그녀의 부탁을 들어줄 수 없던 프랭키는 그렇게 병실을 나가고, 매기는 혀를 깨물어 자살을 시도한다. 매기에게 프랭키는 단순히 코치로 머물지 않는다. 그녀에게 프랭키는 이미 가족이자 아버지이자 친구가 된다. 이런 상황에서도 매기는 "내가 그때 섣불리 등을 돌리지 말았어야 했어요."라며 프랭키가 언제나 첫 번째 철칙으로 자신을 보호하라고 했던 말을 어겼다고 미안해한다. 마지막 순간 매기는 프랭크에게 "당신은 아버지를 생각나게 해요."라며 애틋한 감정을 표현하고, 프랭크는 그녀를 불렀던 애칭 '모쿠슈라'가 '내 핏줄'이라는 뜻이었다고 고백하며 영화는 막을 내린다.

영화는 코칭이 기술의 전수를 넘어서서 두 인격이 만나 서로에게 공감을 표현하고 서로의 입장을 이해하는 과정이라는 사실을 가르쳐준다. 코칭의 극단적인 경우를 보여주는 예이기도 하지만. 아무튼 이와 같이 성공적인 코칭은 개인의 잠재적인 역량을 최대한 끌어낼 뿐만 아니라 개인의 인생 자체를 송두리째 바꿀 수 있는 강력한 힘을 가지고 있다. 그러면 기업을 비롯한 여러 조직에서 일상적으로 실행되는 코칭은 과연 성공적일까? 위의 영화처럼 매기가 가지고 있는 잠재적인 역량을 개발시켜서 단시간 내에 연전연승하는 선수로 거듭나게 하고 아버지와 딸이 가지는 공감과 신뢰를 회복하는 것처럼 직원들의 신뢰를 얻을 수 있는 코칭을 하는 것일까?

박 상무의 속사정 — 시스템 오류의 위험성

앞서 사람은 모두가 다를 수밖에 없으며 왜 사람을 변화시키는 것이 어려운지 살펴보았다. 이제 이야기를 조직으로 옮겨보자. 다양한 인간으로 구성된 조직 중에서 기업이야말로 성공을 위해 인적 자원에 대한 투자를 아끼지 않는 조직이다. 무한 경쟁시장에서 살아남고 성장하기 위해서 기업은, 그들이 추구하는 가치관을 가지고 역량 있는 직원들을 만들기 위해 교육과 훈련에 열심이다. 직원들을 개발하고 고용을 유지하며 이직을 줄이는 것이 기업 경영진들의 중요한 업무 중 하나다.

기업마다 정도와 빈도의 차이는 있겠지만, 직원들은 그들의 관리자와 적어도 1년에 한 번은 연간 직무 개발 계획을 수립하거나 경력 관리에 대한 논의를 진행한다. 이때 개인별 전공 분야를 비롯해서 업무 적합도, 이수한 교육 과정, 전/현 직장에서의 경력과 역할, 내세울만한 성과, 장점이나 강점, 그리고 약점이나 개선이 필요한 부분 등을 총체적으로 논의한다. 이 과정을 통하여 관리자는 직원이 가진 능력을 다면적으로 평가하고 어떤 부분이 회사의 발전에 도움이 되는지, 그리고 개선이나 개발이 필요한 영역은 무엇인지를 파악한다. 이러한 정보를 바탕으로 단기(1년 이내)와 중기(1~2년), 그리고 장기 커리어 플랜(2~3년)을 세우고 필요한 경우 코칭을 한다.

그런데 기업에서 하고 있는 대부분의 코칭은 기존의 잘하고 있는 부분이나 장점에 집중하기보다는 잘 못하는 부분이나 개선이 필요한 부분에 좀 더 많은 시간을 할애한다. 어떻게 보면 당연한 것이기도 하다. 잘하고 있는 부분은 잘하고 있으니 구태여 시간을 들여 새삼 다시 언급할 필요를 못 느낀다. 그것보다는 잘못에 대해서 지적하고 개선을 요구하고 싶은 것이 관리자의 솔직한 마음이다. 이러한 이유로 코칭은 "자네는 이러이러한 점이 부족하네."와 같이 문제점부터 지적하는 것으로 시작된다.

필자의 경험도 이와 크게 다르지 않다. 일부러도 해당 직원의 장점을 언급하면서 코칭을 시작하더라도, 구체적인 직무 개발 플랜을 논의하는 단계에 들어가면, 잘 하고 있는 부분보다는 못하는 부분, 개선이 필요한 영역을 건드릴 수밖에 없다. 코칭 시에 박 상무와 나눈 대화를 보자.

　"박 상무는 고객과 좋은 관계를 유지하고 팀원들을 잘 보살피는 장점이 있네. 그 점은 나를 비롯해서 모두가 인정하지. 그런 반면에 개선이 필요한 부분은 객관적인 시장 정보나 고객 정보를 활용해서 팀을 지금보다 체계적으로 이끌었으면 하네. 내가 보기에는 박 상무만의 생각을 가지고 즉흥적으로 의사결정을 하는 것 같아."라고 말문을 열었다. 그동안 팀원들을 비롯해서 박 상무와 같이 일을 해본 다른 팀들은 박 상무가 팀을 체계적으로 이끌기보다는 그때그때 상황에 따라 임기응변적으로 대응한다는 피드백을 했기 때문이다. 실제로 박 상무는 객관적인 정보나 체계적인 분석을 통해서 의사결정을 하기보다는 즉흥적으로 그리고 단편적인 정보에 의존해서 의사결정을 하는 경우가 많았다. 그리고 지시내용이 수시로 변경되거나 다른 팀과의 관계에서 모순된 상황을 많이 보여 주었다. 박 상무는 그 자리에서는 이러한 지적에 별다른 이견이 없었고 개선 방안에 대해서도 같이 논의했다. 즉 팀원들에게 업무 지시를 하기 전에 관련된 정보를 먼저 면밀히 분석하고, 그 내용을 바탕으로 의사결정할 것이며, 팀원이나 다른 팀들과 공유하는 것을 게을리하지 않을 것이라고 했다. 코칭 미팅은 그렇게 순조롭게 끝났다.

그러나 기대와 다르게 박 상무는 크게 달라지지 않았다. 두어 달 정도는 나름 자료도 분석하고 이를 직원과 공유하는 모습을 보였지만, 채 1분기도 가지 못해 원래 그가 해왔던 주먹구구식 모드로 다시 돌아왔다. 비단 박 상무뿐 아니라 코칭을 받은 대부분의 직원들은 잠시 변화를 보이지만 결국 본래 자신의 모습으로 돌아오는 경험을 많이 했다. 그나마 지속적인 효과를 보기 위해서는 정기적으로(매달, 매분기) 코칭 초기에 수립한 실행계획에 대한 구체적인 행위와 이로 인한 증명할 수 있는 변화를 확인해야 한다. 이것이 가능하기 위해서는 코칭하는 사람이나 받는 사람 모두 지속적인 관심과 노력이 필요하다. 하지만 분초를 다투는 바쁜 일상에서 이러한 코칭은 사실상 거의 불가능하다.

코칭이 잘 먹히지 않는 경우는 박 상무만 그런 것이 아니다. 기본적으로 사람의 성향이나 기질은 쉽게 바뀌지 않기도 하지만 또 다른 이유가 있다. 우선 코칭을 받는 사람이 코칭을 하는 사람의 의견에 동의하지 않았을 수도 있다. 박 상무가 겉으로는 지적한 내용에 대해서 인정했지만 실상은 이 지적에 대해서 동의하지 않았을 수도 있다는 것이다. 그럼 박 상무가 거짓말을 한 것일까? 사실 관리자가 개선할 점을 지적하는데, "저는 그 부분에 동의할 수 없습니다. 저를 잘못 알고 계시네요."라고 대놓고 말하기는 어렵다. 잘못된 것을 고치고 좋은 방향으로 나아가자는데 굳이 그게 아니라고 주장하는 게 본인의 옹졸함을 드러내거나 관리자의 감정을 상하게 할까 꺼리기 때문이다. 이 경우 관리자가 관심법을 쓰는 궁예가 아닌 이상 박 상무의 실제 속마음을 알 도리가 없다.

의외로 박 상무는 본인의 관점에서는 필요한 정보를 분석해서 팀 운영에 체계적으로 활용하고 있다고 생각할 수도 있다. 사실 내색은 하지 않았지만 속으로는 '잘 모르고 계시겠지만 전 이미 시장 정보와 고객 정보를 분석하여 잘 활용하고 있거든요. 그것도 이 분야의 베테랑이라 필요한 정보만을 콕 집어서 말입니다. 잘 알지도 못하시면서….' 사실 이 부분이 관리자의 맹점일지도 모른다. 그리고 실상은 나 자신이 무의식적으로 박 상무에 대한 편향된 판단에 매몰되어 있었을 수도 있다. 즉 주위의 피드백에 의해 박 상무에 대해 나름의 평가를 이미 하고 있는 것이다. 이러한 현상을 소위 '개인적 특성에 의한 평가 효과idiosyncratic rater effect'라고 한다. 이는 다른 사람을 평가할 때 절반 이상이 평가하는 사람의 성격을 반영하는 것이지 평가받는 사람을 객관적으로 판단하는 것이 아니란 것이다. 과거 40년에 걸쳐 계량심리학자들이 연구한 결과에 따르면, 한 사람의 추상적인 성향abstract quality을 평가할 때 결코 이것이 객관적이지 않다는 것이다. 그야말로 그건 '네 생각이고'이다. 추상적인 성향에 대한 판단은, 평가자에게 이미 내재되어 있거나 무의식적으로 편향되어진 그 무엇에 의해서 영향을 받는다.

이런 이유로 박 상무에 대해서 "사업 감각이 없다."라거나 "성격이 급해서 중요한 의사결정에 실수가 많다."라고 말했다면, 이는 박 상무 한 개인에 대한 객관적인 평가라기보다 그에 대한 평소 나의 지극히 주관적이고 편향된 시각이 반영된 것이라고 볼 수 있다. "내가 지금까지 박 상무랑 함께 일한 게 몇 년인데… 그걸 모를까봐?" 대부분 오랫동안 지켜보고 판단했기 때문에 자신의 판단이 맞다고 확신한다. 우리는 언제나 자신을 진실의 근원source of truth이라고 자부한다. 미안한 이야기지만, 사실 우리는 오류의 근원source of error일 가능성도 높다. 나는 확신하지만, 이것 역시 편향된 나의 판단에 불과하다. 우리의 뇌는 사물이나 대상을 있는 그대로 인식하지 않고 나답게 인식하기 때문이다.

오류에는 크게 두 종류가 있다. 하나는 '무작위 오류random error'이고 다른 하나는 '시스템 오류systematic error'이다. 한 사람의 키를 정확히 알기 위해서는 측정 횟수를 늘려서 측정한 값을 평균 내면 좀 더 정확한 수치에 근접할 것이다. 즉 측정값이 매번 실제와 차이가 나는데 이를 무작위 오류라고 한다. 이를 줄이기 위해서 측정 횟수를 늘리면 된다. 반면 시스템 오류는 이와 다르다. 색맹인 사람에게 빨간 장미의 색깔에 대해 말해 보라고 하면, 그들은 장미의 색깔을 회색이나 짙은 회색 등으로 묘사할 것이다. 좀 더 정확한 장미의 색깔을 알아내기 위해서 다수의 색맹인 사람들의 의견을 모아서 평균을 내 봤자 결국 장미 색깔은 짙은 회색과 밝은 회색 중간 정도로 결론지어질 것이다. 실제 장미의 색깔과는 전혀 동떨어진 것이다. 아무리 많은 색맹인 사람들의 의견들을 취합하더라도 실제 장미 색깔과는 거리가 멀다. 이와 같이 시스템 오류는 시스템을 바꾸든지, 시스템 자체 문제를 해결하지 않는 한 해결되지 않는다.

우리는 수많은 시스템 오류를 범하고 있다. 기본적으로 우리는 다른 사람의 성격이나 잠재력, 성향과 같은 추상적 속성을 판단할 때, 우리의 시각 자체에 매몰되어 왜곡된 평가를 내린다. 소위 '색안경을 끼고 본다.'라는 말이 이러한 시스템 오류의 전형을 말해준다. 이처럼 시스템 오류를 가지고 있으면 정확한 계측을 통해 오랜 시간 반복적인 평가를 하더라도 결과는 진실과 거리가 멀다. 평가자인 필자는 박 상무를 이미 나만의 색안경을 끼고 보고 있는 것이다. 문제는 자신이 색안경을 끼고 있다는 것을 모른다는 것에서 발생한다. 그렇게 보이니 그렇게 믿을 수밖에.

뇌과학은 이렇게 사람의 뇌가 시스템 오류가 있다는 것을 알려 준다. 개인적 특성에 의한 평가 효과에 의해 우리가 시스템 오류를 저지를 수밖에 없는 한계를 지니고 있는 것이다. 그러다 보니, 코칭을 받는 사람은 지적질이 부당하다고 생각할 수도 있다. 코칭하는 사람의 진실의 근원에 대해서 의심을 품으니 마음으로 받아들이기 어렵다. 자칫하면 '하나마나한 코칭'이 되기 십상이다.

그럼에도 불구하고 ─ 성공적인 코칭의 원리

그렇다면 해결책은 없을까? 어떻게 하면 우리가 끼고 있는 색안경을 벗어버릴 수 있을까? 이는 기업의 관리자라면 직무와 관련하여 직원들을 판단하기에 앞서 꼭 염두에 두어야 할 질문이다. 성공적인 코칭이 되기 위해서는 첫 번째로 코칭을 받는 사람의 마음이 '투쟁 또는 도피fight or flight'가 아니라 '휴식과 소화rest & digest'가 되어야 한다. 한 마디로 코칭을 하는 사람이나 받는 사람이 모두 릴랙스 해져야 한다. 우리 조상들은 사냥에 성공하면 포획한 먹잇감을 들고 어두운 굴속으로 숨어들었다. 거기서 느긋하게 먹잇감을 씹고 뜯고 맛보고 즐기며 여유로운 휴식을 즐겼다. 약육강식의 살벌한 환경 속에서도 무사히 살아남았다는 정서적 안도감과 위장에서 느껴지는 포만감은 선사 인류에게 생존 이외에 다른 부분에 관심을 갖도록 부추겼다. 그러한 휴식과 소화의 상태에서 알타미라 동굴과 쇼베 동굴의 벽화가 탄생했다. 먹고 사는 문제에서 놓여난 뇌는 철학과 예술, 신화의 삶을 누리는 데 에너지를 쓰기 시작했다.

코칭의 경우도 마찬가지다. '내가 널 잘 알거든.'과 같은 상대적 우월감이나 '내 방식대로 해서 너를 설득시키겠다.'라는 관리자로서의 지위를 이용한 코칭은 결국 당사자들을 투쟁 또는 도피의 상황으로 몰아넣는다. 그 결과 제대로 된 코칭도 들어가기 전에 그들의 마음에 자물쇠를 채운다.

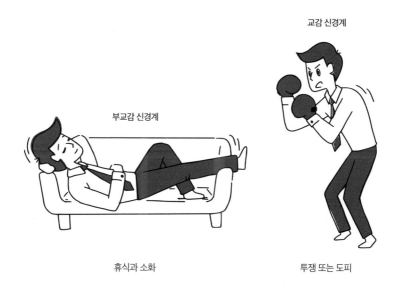

교감 신경계

부교감 신경계

휴식과 소화

투쟁 또는 도피

이를 뒷받침 해주는 재미있는 실험 결과가 있다. 유사한 다른 실험들처럼, 각기 다른 두 가지 질문을 피실험자에게 하고 fMRI를 이용하여 질문에 따라 활성화되는 뇌 부위를 조사했다. 편의상 피실험자 그룹을 A, B로 나누자. 그룹 A에게는 그들이 잘못한 부분을 지적하면서 어떻게 이를 개선할 것인가에 대해 이야기하라고 요구한 반면, 그룹 B에게는 그들이 가지고 있는 계획이 무엇인지, 그리고 그 계획을 어떻게 달성할 것인지에 대해 이야기하라고 요구했다.

그 결과 그룹 A에 속한 참가자들의 뇌는 잘못하고 있는 부분을 지적당하자 교감신경계가 활성화되는 것이 관측되었다. 이는 투쟁 또는 도피 시스템의 상태로 우리 몸이 전환되는 것을 의미한다. 주변 덤불숲에서 수주일 굶주린 표범이 언제고 뛰쳐나올지 모르는 초긴장 상태에 놓인 것이다. 내가 가진 모든 감각을 총동원하여 눈앞의 위험에 대응하는 것이 최우선이다 보니 나머지 뇌 부분은 거의 활동을 하지 않는다. 지적질은 피실험자에게는 위협으로 인식되어지고 뇌는 방어 모드로 전환되어 다른 창조적인 활동들이 급격히 위축된다. 그 결과, 인지적이고 감정적이며 수용적인 뇌 기능들이 비활성화되면서 본능적 긴장과 부정적 감정이 뇌를 지배하게 된다.

이에 반해 그룹 B의 경우는 부교감신경계가 활성화되어 이른바 휴식과 소화 상태에 진입하게 된다. 새로운 신경세포의 연결이 촉진되고 창조적 발상을 담당하는 뇌 부위가 열리면서 인지적이고 감정적이며 수용적인 뇌 기능들이 활성화된다. 뇌는 비로소 생존에 위협을 받는 스트레스 상태가 아니라 새로운 것을 받아들일 수 있는 느긋한 상태가 된다.

두 번째 방법은 그 사람의 장점이나 잘하는 부분에 집중하고 반복하게 함으로 스스로 본인들의 장점들을 깨닫게 하고 한층 더 발전시키게 하는 것이다.

톰 웨이드 랜드리(출처: google.com)

전설적인 미식축구 코치인 톰 웨이드 랜드리Thomas Wade Landry의 코칭 방법을 예를 들어보자. 그는 29년간 내셔날 풋볼 리그(NFL) 댈러스 카우보이 팀의 코치를 하면서 20년 연속으로 시즌 우승을 이끌었다. 지금은 잘 알려져 있는 4-3 방어 전략을 도입하는 등 새로운 팀 배치와 시합 방법들을 도입했다. 특히 그는 기존의 코치들과는 바른 방식으로 선수들을 코칭했다.

일반 코치들은 선수가 잘못하고 실수한 부분을 지적하고 다음 시합에서는 더 이상 동일한 실수가 나오지 않도록 반복 훈련을 시킨다. 그러나 톰 랜드리는 이와 다르게 접근했다. 그는 경기 내용 중 선수들이 각자 잘한 장면들을 모아서 선수들에게 보여주었다. 그에 의하면, 경기를 하는 동안 실수를 하거나 잘못을 하는 경우는 여러 번 있을 수 있지만, 정작 선수 본인의 장기를 살려서 기술을 제대로 구사한 순간은 드물다는 것이다. 선수들에게 잘했던 순간을 보여줌으로써 스스로 깨닫게 하여 그 기술을 한층 강화하는 것이다.

　뉴욕대학교 신경과학 교수인 조셉 르두Joseph LeDoux는 인간의 뇌에 있는 신경세포들이 연결되는 방식은 나무에 새로운 가지들이 돋아난다기보다는 기존에 있던 가지 위에 새로운 싹이 나는 것과 유사하다고 했다. 신경세포가 많이 밀집되어 있는 곳, 즉 시냅스 연결이 밀집해 있는 영역에 새로운 시냅스 연결이 생겨나기 더 쉽다는 말이다. 이와 같이 선수들은 잘하지 못하는 기술을 새로 연마하기보다는, 기존에 잘하는 기술에 좀 더 집중하는 것이 훨씬 효과적이라는 것이다. 랜드리 코치가 이와 같은 뇌과학적인 지식이 있었을리 만무하지만, 자신의 개인적인 경험을 토대로 그만의 통찰력을 가졌던 점은 매우 놀랍다.

　세 번째 방법은 직관적인 코치로서의 '나'의 느낌을 이야기하는 것이다. 앞에서 이미 언급했듯이, '나' 자체는 이미 구조적 오류가 있는데 이것은 교육이나 훈련을 통해서도 쉽게 바뀌지 않는다. 또한 코치를 받는 사람은 진실의 근거에 대해서 의심하며 그들을 코치하는 사람의 판단에 100퍼센트 동의하지는 않는다는 것을 기억할 것이다.

코칭을 할 때 무엇보다도 중요한 것은 상대방의 행위를 나의 관점으로 판단하거나 평가하기보다는 그 행위로 인해 일어난 '객관적인 사실'과 그 사실에 대해 '내가 느낀 점'을 이야기해 주는 것이다. 누군가에게 코칭이나 조언을 할 때는 상대방의 모습을 나라는 프리즘을 통해서 굴절시키는 대신 객관적인 행위나 현상에 대해서 이야기하고 내 안에서 우러나오는 느낌을 이야기하는 것이 훨씬 효과적이다. 코칭을 받는 사람이 한 행위로 인해 발생된 사실(사건)과 또 그 행위로 인해 코칭을 하는 사람이 가지게 되는 솔직한 느낌은 둘 다 객관적인 사실이다. 너의 어떠한 행위로 인해서 어떠한 사건이 발생하였고 이에 대해서 나는 이렇게 느낀다는 것은 더 이상 가감할 것이 없는 솔직한 사실이다.

네 번째 방법으로는 현재의 문제에만 머무르지 말고 과거와 현재, 미래를 서로 연결해서 생각하라는 것이다. 보통 사람들은 본인이 가진 문제점과 이를 개선하기 위한 방법을 알기 위해서 코칭을 원한다. 예를 들어 승진을 위해 반드시 고쳐야 할 문제점이 무엇이며 이를 어떻게 고쳐야 하는지 조언을 해달라는 식이다. 이러한 접근 방법은 현재 문제에 초점을 맞추다 보니 그 사람이 지금 갖고 있는 단점이나 문제점만 이야기하게 된다. 미래지향적이 아니라 과거지향적이라는 것이다. 새로운 것을 시도하기보다는 현재 문제를 교정하는 것에 집중할 것이고, 이를 통해 우리가 기대할 수 있는 최선은 잘해야 '성공적인 교정'이다. 오히려 이보다는 미래의 계획과 그것을 달성하기 위해 무슨 일을 할 것인가에 대해 논의하는 것이 코칭에서는 더 효과적이다.

책임을 묻거나 지난 잘못을 상기시키는 일에 집중하기보다는 뇌를 인지적, 감정적, 수용적으로 만들어 비로소 뇌가 배울 수 있는 상태로 만드는 것이 우선이다. 현재의 문제를 해결하는 좋은 방법 중의 하나는 '과거에도 비슷한 문제가 있었는가? 그리고 있었다면 어떻게 그 문제를 해결했는가?'를 확인해 보는 것이다. 우리는 현재의 실수를 과거에도 반복했을 가능성이 높다. 반복해서 틀리는 문제가 있고, 계속해서 오타를 내는 단어가 있는가 하면 유난히 기억이 나지 않는 단어 때문에 난감했던 경험이 있지 않은가? 당연하겠지만 현재 발생하고 있는 문제도 과거의 비슷한 실수로 인해 이미 발생했을 가능성이 높다. 그렇다면 당사자가 이를 기억하고 본인 스스로 문제를 해결할 수 있도록 하는 것이 좋다. 즉 당사자로 하여금 과거에는 그 문제를 어떻게 받아들였고 해결을 위해서 어떤 일을 했으며, 또 그 결과는 어땠는지를 그들 자신이 들여다보게 하는 것이다. 어쩌면 조언을 구하기 전에 본인이 그 해결 방안을 이미 알고 있고 최적의 해결사가 본인 자신이라는 것도 이미 알고 있을 수도 있다. 단지 그것을 다시 한 번 코칭을 통해서 확인하고 인정받고자 하는 것일 수도 있다.

효과적인 코칭의 다섯 번째 방법은 왜Why라고 묻기 보다는 무엇What에 대해서 물으라는 것이다. 즉, "왜 이 일이 안된다고 생각하는가?" "왜 이것을 해야 한다고 주장하는가?"라고 묻는 대신, "그 문제를 해결하기 위해서 무엇이 필요하고 무엇을 해야 하는가?"라고 묻는 것이 효과적이다. 어떤 질문을 하느냐에 따라 전혀 다른 코칭이 될 수 있다. 이미 알고 있는 내용과 경험을 코칭받는 사람이 스스로 깨닫게 하는 것이 무엇보다 중요한데, '왜'라는 질문은 본인이 가지고 있는 편향된 생각과 이를 합리화하기 위한 핑곗거리를 만들어 내기에 급급하게 만든다. 이유를 묻는 질문에 우리 뇌는 본능적으로 자신을 변호하는 수사修辭를 지어내도록 구조화되어 있다. 즉 왜보다는 무엇이 더 객관적인 질문이다. 이 질문은 실제적이고 명확한 대답을 가능케 하고 앞으로 해야 할 일들을 스스로 깨닫게 만든다.

마지막 여섯 번째는, 칭찬할만한 행위를 했거나 우수한 성과를 냈다면 즉시 칭찬하는 것이다. 이는 일상생활에서 쉽게 사용하면서도 즉각적인 효과가 있는 방법이다. 칭찬을 할 때는

"박 상무, 잘 했어요. 수고 많았어요."처럼 두루뭉술하게 말하지 말고 그 행위나 성과를 구체적으로 언급하는 게 좋다. "이번 서울 공항 차세대 프로젝트 수주는 박 상무가 경쟁사보다 제안 발표를 잘 해주었기 때문이라고 들었네. 잘했고 수고 많았어."라고 하는 것이 효과적이다. 또한 가능하다면, 동료나 다른 사람들이 있는 곳에서 칭찬하면 더 좋다. 칭찬받은 사람은 자신이 이룬 업적으로 다른 사람들이 칭찬하는 것에서 투쟁 또는 도피 상태가 아니라 휴식과 소화 상태로 전환된다. 바짝 긴장하여 변명만 일삼는 자세가 아니라 자연스럽게 마음의 빗장을 열고 조언과 가르침을 받아들일 준비가 되는 셈이다.

5장

회의는 하나마나, 결론은 보나마나
—뇌과학이 말하는 회의의 정석—

회의는 회의실에서 가장 생각이 느린 직원의 속도로 나아간다.

데일 도튼Dale Dauton

피터 드러커Peter Drucker는 "회의는 조직이 불량하다는 징후다. 가급적 회의는 적으면 적을수록 좋다."라고 말했다. 경영인의 한 사람으로서 십분 동의하지만 현실은 불가피하게 많은 회의를 할 수밖에 없다. 필자의 조직이 피터 드러커의 말마따나 불량해서 그런 건가? 회의를 하는 이유는 무엇인가? 회의에 참석함으로써 조직에 대한 소속감을 가질 수 있고, 인적 네트워

크를 쌓을 수 있다. 그러나 이러한 것들은 회의의 본질이라기
보다는 부차적인 것들이다. 우리가 회의를 하는 이유는 혼자
일을 하는 것보다는 모여서 정보를 공유하고 토론을 통해서 다
양한 의견을 모아서 최적의 의사결정을 하기 위해서다. 당면한
도전 과제, 현재 가지고 있는 문제점, 미래를 위한 전략 수립을
위해서 한 개인이나 1:1 대화, 이메일을 통해 아이디어 내는 것
보다는 여러 사람들의 아이디어를 종합하는 것이 아이디어의
양이나 질에서 훨씬 유리하다. 또한 이러한 아이디어들이 시너
지 효과를 내면서 새롭고 기발한 아이디어들이 만들어진다.

　그러면 회의 시간에 무엇을 논의해야 하는가? 적어도, 참석
자 모두 이미 알고 있는 뻔한 내용은 재차 논의하고 싶지는 않
을 것이다. 그보다는 참석자 각자에게 실제적으로 관련이 있고
(relevant), 결정적으로 중요하며(critical), 통찰력이 있는 생각이
나 관점이지 않을까? 만일 이러한 것들이 회의 테이블에 올라
오지 않는다면, 그 회의 결과는 누구나 알고 있는 뻔한 정보를
바탕으로 한 알맹이 빠진 내용으로 끝날 공산이 크다. 그나마
최선이 그렇다는 것이고, 자칫하다간 현실을 적절히 반영하지
못한 잘못된 의사결정을 할 가능성이 높다.

　우리가 겪고 있는 일반적인 회의의 실상은 어떠한가? 늘 그
렇듯 목소리 큰 몇 사람만이 회의 시작부터 주야장천 이야기
하고 그렇지 않은 사람들은 입을 닫고 듣고 있다. 반론을 제기

하고 싶어도 이야기할 기회조차 잡기 힘들고 또 그럴 분위기도 아니다. 그저 불편한 마음으로 엉뚱한 결론으로 치닫고 있는 과정을 지켜볼 뿐이다.

문제의 핵심에 접근하지 못한 채 뻔한 정보를 바탕으로 상식 수준의 뻔한 결론을 도출한 결과 값비싼 대가를 톡톡히 치른 사례는 우리 주위에 차고 넘친다. 물론 이런 실패는 한 번의 회의 결과로 인한 것이 아니라, 수많은 회의들이 축적되어 나타난 결과라 할 수 있다. 한 번의 회의가 어떻게 진행되었느냐의 문제가 아니라, 이러한 관행들이 켜켜이 쌓이게 한 조직 전체 문화의 문제로까지 나아간다.

1980년대, 코카콜라의 임원들은 전전긍긍하고 있었다. 후발 주자인 펩시가 무서운 속도로 자사의 매출을 턱밑까지 쫓아오고 있었기 때문이다. 여러 가지 분석과 논의가 이어졌고, 결국 1985년 코카콜라는 펩시에 대항해 뉴코크New Coke를 출시하게 되었다. 그러나 무려 20만 명의 길거리 소비자 블라인드 테스트를 통해 탄생한 뉴코크는 시작부터 삐걱댔다. 시장에서 코카콜라만의 특유의 향과 톡 쏘는 맛을 버리고 펩시의 달짝지근한 맛을 흉내 내었다는 혹독한 비판이 이어졌다. 코카콜라의 가치는 사실 맛에만 있지 않았다. 임원들이 핵심 가치를 간과한 것이다. 코카콜라에는 어릴 적 가족과의 행복했던 식사, 생일이나 크리스마스 때 함께했던 추억의 음료수, 운동을 마친 후 마셨던 그 청량함, 그리고 놀이동산에서 연인과 달콤한 첫 데이트를 즐기며 나눴던 콜라의 추억과 같은 소비자들의 기억 속에 묻어있는 문화와 감성이 녹아 있었던 것이다. 코카콜라는 시장이 잠식되는 상황만 너무 집중하여 확대 해석했고, 모든 임원들이 마치 흑주술에라도 걸린 것처럼 펩시의 추격을 따돌려야 한다는 집단적인 사고에 매몰되어 정작 중요한 소비자들이 가지고 있는 코가콜라에 대한 핵심 가치를 놓친 것이다. 만일 뉴코크 출시를 결정하기 전에 있었던 수많은 회의에서 필드에서의 생생한 고객의 목소리를 회의 석상에 올렸다면 뉴코크에 대한 출시 시기, 출시 규모, 출시 제품에 대한 결정은 분명 달랐을 것이다. 결국 빗발치는 소비자들의 항의에 못 이겨 뉴코크를 출시한 지 고작 79일 만에 코카콜라 클래식CocaCola Classic을 내놓으며 원래 자사의 콜라 레시피로 회귀하고 말았다. 수업료 치고는 값비싼 대가였다.

볼펜 회사로 우리에게 잘 알려진 빅Bic사의 경우다. 문구 전문 회사가 여성 속옷 시장에 뛰어든 자체가 의외의 결정이었다. 대단한 모험이었지만 결과는 대실패였다. 이 회사의 경영 철학은 "핵심적인 기능만을 제공하는 물건을 가장 저렴한 가격에 최고의 품질로 제공한다." 이다. 현재 균일가 생활용품을 판매하는 일본 체인 회사인 다이소가 주장하는 구호와도 사뭇 닮았다. 그러나 이 철학으로 일회용 여성 속옷까지 사업을 확장한 것은 그야말로 여성 소비자의 심리를 몰라도 한참 모르고 내린 잘못된 결정이었다. 여성에게 있어 내의는 가격이나 편의성의 문제가 아니라, 아름다운 몸매를 돋보이게 하는 도구기도 하고 자기 만족을 위한 수단이기도 하다. 적어도 여성 소비자의 욕구를 알고 있는 사람이라면 당연히 가져야 할 기본적인 질문들, 즉 일회용 속옷의 품질이 과연 기존 제품들에 비해서 여성 고객의 주의를 끌만큼 부드럽고 좋을까? 일회용 속옷이 여성들의 은밀한 자존심을 만족시킬 수 있을까? 과연 많은 사람들의 시선을 무시하고 일회용 속옷을 편의점에서 선택할 수 있을까? 등에 대한 필드의 실질적인 피드백을 회의에서 논의했다면 결정은 많이 달라졌을 것이다.

　이 장에서는 회의가 진행되는 메커니즘과 직원들의 다양한 업무 스타일을 이용하여 회의의 효과를 최대화할 수 있는 방법들을 뇌과학적인 관점에서 모색해 보고자 한다.

뭔가 익숙한 우리네 회의실 풍경

　일단 회의가 시작되면, 회의 주관자는 회의의 목적을 설명하면서 개인의 의견과 감정을 피력한다. 만일 불행하게도 어떠한 문제로 인해 이미 조직에 우려할 만한 손실이나 피해가 발생했다면 이에 대한 질책도 잊지 않고 쏟아낸다. 그러고는 격앙된 목소리를 추스르며 기탄없이 자유롭게 의견을 내어 달라는 주문도 한다. "자, 좋은 의견이 있으신 분은 이야기해 보세요." 그러나 회의에 참석한 사람들은 이미 그분(?)의 의중과 감정을 귀신 같이 캐치하고 장차 회의가 어떤 방향으로 '흘러갈 것인지', 아니 어떤 방향으로 '흘러가야 하는지'를 짐작하고 있다. 해야 할 말, 하지 말아야 할 말, 그분이 듣기 싫어하는 말, 그분이 듣고 싶어 하는 말, 나서야 할 때 나서지 말아야 할 때에 대한 가이드라인이 본능적으로 그들의 머릿속에 설정된다.

뇌는 투쟁 또는 도피의 상태로 바뀌어 가동을 시작한다. 그간의 경험을 통한 감탄할 정도로 뛰어난 뇌의 예지력이 이번에도 유감없이 발휘된 것이다. 자연 속에서는 바람이 불기 전에 갈대가 먼저 눕지 않는다. 하지만 사람의 뇌는 김수영의 시 「풀」의 한 구절처럼 바람이 불기도 전에 알아서 한 쪽으로 재빨리 눕는다. '풀이 눕는다. 바람보다도 더 빨리 눕는다. 바람보다도 더 빨리 울고 바람보다 먼저 일어난다.' 동시에 지난 달 큰 맘 먹고 16개월 할부로 산 스마트 TV가 머릿속에 홀연히 떠오른다. '아직 할부가 일 년이나 넘게 남았다. 비에 젖은 낙엽처럼 바닥에 착 달라붙어 끝까지 버텨야 한다.' 이처럼 당장 생존을 걱정하는 직원들에게 '자유롭게', '기탄없이' 자기 생각을 말해 보라는 회의 주관자의 말을 그대로 믿는 사람은 없다. 상황이 이렇다 보니 회의에서 본인의 의견을 강하게 피력하는 사람들은 그 회의의 수장이거나 영향력 있는 경영진, 또는 조직 내에서 소위 잘 나가는 실세인 경우가 대부분이다. 더욱이 그들이 누구인가? 산전수전 다 겪고 회사에서 잔뼈가 굵은 백전노장 아닌가? 여기서 삐끗 의견을 잘못 내었다간 감당하기 힘든 비난이나 질문 공세가 돌아온다면 어떻게 하나? 아니 괜히 입을 열었다가 그렇잖아도 얼마 안 되는 밑천이 만천하에 드러날 판이다. 지난 회의에서 기발한 아이디어라고 생각하고 제안했는데 다른 참석자로부터 현실을 모르고 하는 말도 안 되는 소리라는 핀잔을 들은 기억이 있는 박 상무는 이번에는 맴돌고 있는 아이디어를 머릿속에서만 저울질하고 있다.

보통 추진력 강하고 자기주장이 강한 사람 주위에는 조용하거나 순종적인 사람들이 포진되어 있다. 그렇지 않던 사람도 이미 그 사람에게 순응하는 것으로 마음을 돌렸든지, 아니면 애초에 견디지 못하고 퇴사했거나, 다른 부서로 옮겨간 지 오래다. 이런 성격의 관리자가 강하게 의견을 제시하고 목표를 정한 후 당장 실행하라고 닦달하면 직원들은 찍소리 못하고 그저 따를 뿐이다. 이것에 익숙해진 관리자는 자신의 행위와 생각이 옳기 때문에 직원들이 따른다고 철석같이 믿게 된다. 이런 분위기에서는 결국 회의 초반부터 회의의 방향성과 결론이 이미 정해진다. 그리고 이렇게 한번 방향성이 정해지고 나면

이를 중간에 바꾸기가 매우 어렵다. 한쪽으로 쏠려 진행되는 회의의 방향을 바꾸자고 제안하려면 사선을 넘는 것 같은 비장한 용기가 필요하다. 여기에는 몇 가지 이유가 있다.

첫째, 소위 '평판 캐스케이드reputational cascade' 효과 때문이다. 이미 대세로 굳어진 안건에 대해서 다른 의견, 한 술 더 떠서 반대 의견을 주장하면, 다른 사람들로부터 이미 합의된 내용을 부정하는 나쁜 사람으로 낙인찍히거나 특이한 사람 또는 조직의 분위기에 조화를 이루지 못하는 부적응자로 간주되어 손가락질을 받거나 승진이나 업무분장, 인사 고과에 피해를 입을 수 있다고 생각한다. 직속상관이 의견을 내었을 때는 이에 반하는 의견은 월권행위라고 생각한다. 이래저래 조직 내에서 나쁜 평판이 날까 봐 입을 다무는 꼴이다.

둘째, '정보 캐스케이드informational cascade' 효과도 있다. 대세를 이루는 의견을 주장한 사람들이 가지고 있는 정보와 경험이 본인의 것보다 더 풍부하고 질적으로 우수하다는 생각 때문에 그들과 다른 의견을 내기 꺼리는 것이다. 더욱이 그들이 영향력이 있는 경영진이거나 소위 조직 내에서 잘 나가는 실력자라면 더욱 그러하다. 심리학이나 경제학에서는 이를 두고 소위 '전문가의 오류'라고 부르고, 논리학에서는 '권위에 의한 논증의 오류'라고도 한다.

인류 역사에는 정보 캐스케이드 효과로 인해 어처구니없는 결과를 가져온 많은 사례들이 있다. 1944년 9월, 독일 베를린 탈환 작전을 놓고 미국의 패튼 장군과 영국의 몽고메리 장군의 경쟁 심리로 무리하게 추진되었던 '마켓 가든 작전Operation Market Garden'도 그 중 하나다. 결과는 연합군의 참담한 패배였다. 패배의 원인들로는 크리스마스 전에 베를린을 점령하여 독일과의 전쟁을 조기 마무리하고자 한 연합군 최고지휘부의 조바심, 보급선 확보의 전략적 위험성, 연합군 내 지휘부의 갈등 등이 있었지만, 무엇보다도 중요한 첩보를 무시한 것이 치명적인 패착이었다. 영국의 공수사단이 낙하 투입될 제1차 예정지인 네덜란드 동부 헬데를란트 주의 아른헴 지역에는 독일군 신병과 나이든 병사들로 구성된 허약한 보병부대만이 주둔하는 것으로 알려져 있었다. 당연히 지휘부는 작전을 수행하는 것에 이 부대가 큰 걸림돌이나 위협이 되지 않는다고 판단했다.

그러나 반전이 일어났다. 작전 개시 직전에 네덜란드 레지스탕스 부대의 첩보와 연합군 항공사진 정보에 의하면, 그 지역에 독일의 최정예부대인 SS-2 기갑사단이 새로 편성되어 주둔하고 있다는 사실이 알려졌다. 당연히 이 첩보는 연합군 정보부대를 거쳐 상부까지 전달되었다. 그러나 영국 제1공수군단의 프레데릭 브라우닝Frederick Browning 장군은 이 정보를 무시한다. 그 결과, 아른헴 지역에 투입된 영국군 제1공수군단은 독일 기갑사단의 막강한 화력 앞에 힘 한 번 써보지 못하고 궤멸되었고, 결국 독일군에게 치욕적인 패배를 당했다. 이 무모한 작전에서 무려 6,485명의 군인들이 전사했고 6,450명이 포로가 됨으로써, 2차 세계대전사에서 연합군이 기록한 가장 참혹한 패배 중 하나로 기록되었다.

그러면 브라우닝 장군은 왜 중요한 정보를 무시했을까? 정보 캐스케이드 효과에 단단히 걸린 것이다. 그는 첩보 내용이 사실이라면 경보병의 공수부대로는 기갑사단을 상대할 수 없다는 것쯤은 잘 알고 있었을 것이다. 그러나 그 역시 자신의 직속상관인 몽고메리 장군이 이미 결정한 작전 계획을 무르거나 재고를 요청할 용기가 없었던 것이다. 무모한 작전임을 간파했지만 상관의 명령을 거스를 수 없었던 그가 애써 진실에 눈을 감은 셈이다. 만일 그가 여러 번의 작전 연기로 인해 최고지휘부로부터 받은 압력과 본인의 명예 실추에 대한 두려움을 극복하고 새로운 정보를 이유로 작전 연기나 취소를 상부에 당당히 건의했더라면, 크리스마스 이전까지 베를린을 함락하지는 못했을지라도 최소한 12,000명에 달하는 정예 군인들의 애꿎은 피해만은 막을 수 있었을 것이다.

다시 이야기 무대를 기업으로 옮겨보자. 정 팀장은 회사에서 주목하고 있는 핵심 프로젝트에 참여하고 있다. 그는 사내에서 인정받는 실세 팀장 중 한 명이며 자기주장이 강하기로 유명하다. 그는 본인의 실력에 대한 강한 믿음과 다른 사람과의 경쟁에서 항상 이겨왔다는 자부심으로 충만하다. 나름 회사에서 영향력과 입지가 강해 말발이 잘 먹힌다고 자부하고 있다. 회의를 할 때면, 그는 자신이 원하는 대로 회의를 주도하고 그가 원하는 결론을 도출하기 위해 강하게 다른 사람들을 밀어붙인다. 만에 하나 회의에서 자신의 의견과 전혀 다른 의견이 채택된다면 본인의 회사 내 입지가 줄어들고 팀원들에게도 능력 없는 팀장으로 낙인찍힌다고 믿고 있다.

아니나 다를까, 회의가 시작되자마자 정 팀장은 경쟁적으로 자신의 의견을 목소리 높여 주장한다. 반대 의견이나 회의적 시각이 나오면 미리 준비한 답변들을 내놓으며 상대방의 의견에 반박한다. 그렇게 자신의 의견이 수용되고 회의가 마무리되면, 정 팀장은 '이번에도 이겼구나. 역시.'라고 만족해한다. 그런 유능한 자신을 바라보는 팀원들의 눈빛도 자신을 무척 자랑스러워하는 것 같아 뿌듯하다.

과연 정 팀장이 보여준 이러한 행위가 회사에 도움이 될까? 무엇보다도 정 팀장 본인에게도 도움이 되는 걸까? 먼저 회의 시작 전부터, 정 팀장은 본인의 주장을 반드시 관철시켜야 한다는 중압감과 회사 내의 입지를 잃을 수 있다는 두려움, 그리고 다른 팀의 능력에 대한 불신감과 시기심으로 깊은 스트레스 상태에 놓여 있다. 얼굴은 벌겋게 상기되어 있고 숨은 거칠게 몰아쉰다. 당연히 온몸에 스트레스 호르몬인 코르티솔이 넘쳐난다. 두려움이나 위협을 느낄 때 활성화되는 편도체가 작동하면서 부정적인 감정이 촉발되고 동시에 해마에 있던 불편한 기억들이 끄집어내어 진다. 이러한 정 팀장의 뇌는 이성적인 상태가 아닌 감정적이고 충동적인 상태에 놓인다. 한 마디로 그는 창을 들고 정글 한복판에 서 있는 외로운 사냥꾼이다. 정 팀장의 투쟁 또는 도피 반응은 그의 이성을 무너뜨리고 합리적인 판단 대신 즉흥적이고 반사적인 대응만 키운다.

불행하게도 경영자를 포함한 많은 관리자들이 이러한 투쟁 또는 도피 방식으로 조직 내에서 의사소통을 한다. 만일 그들이 투쟁(?)에서 이겼다면, 기쁨과 만족감으로 혈관 내에는 아드레날린과 도파민 호르몬이 뿜어져 나오고 보상 체계가 반짝반짝 활성화된다. 이와 같이 승리감과 상대방을 이겼다는 우월감에 도취된 뇌는 짜릿한 기분을 계속 느끼고 싶어 한다. 그래서 이어지는 다른 회의에서도 그는 다시 투쟁에 돌입한다. 그들의 뇌는 승리감이 주는 쾌감에 서서히 중독된다. 반면 정 팀장으로부터 의견을 무시당하거나 배제된 다른 직원들의 뇌는 어떻게 반응할까? 당연히 상실감과 분노로 인해 스트레스 호르몬인 코르티솔이 분비될 것이고 정 팀장에 대한 부정적인 이미지가 각인될 것이다. 이제 '정 팀장'이라고 하면 부정적으로 꼬리표된 신경세포가 자동적으로 활성화되어 악감정을 갖게 된다. '저 인간이 하는 말은 앞으로 절대 듣지 않겠어.' 몇몇 주장이 강한 소수에 의해 난도질을 당한 직원들의 감정을 회복시키기는 이제 어렵다. 이렇게 답답하기만 한 회의 문화를 획기적으로 바꿀 수 있는 방법이 있을까? 대체 어떻게 해야 참석자들이 다양한 의견을 마음껏 개진하고 자유로운 토론을 통해 최선의 결론을 낼 수 있을까?

케미를 이용하자 — 일하는 4가지 스타일

딜로이트 컨설팅의 수장 비커버그Suzanne Vickberg와 킴 크리스트포트Kim Christfort는 헬렌 피셔 교수의 「사랑하는 관계에 있는 사람들의 스타일과 상호작용에 대한 뇌과학적인 관점에서 연구 결과」와 딜로이트가 자체 개발한 '비지니스 케미스트리 시스템Business Chemistry System'을 이용하여 비즈니스와 관련된 사람들의 특성과 선호하는 것에 대해서 조사하였다. 이 시스템에 따르면, 사람들이 일하는 스타일은 크게 네 가지로 구분되는데 사람마다 이 네 가지 스타일들의 조합이 복잡하게 섞여 있다는 것이다. 사람마다 특히 하나 또는 두 개의 스타일과 밀접하게 관련되어 있는데, 이것이 그 사람의 스타일을 결정한다는 것이다.

스타일마다 유용한 장점이 있으며, 새로운 아이디어를 고안하거나 의사결정을 할 때나 문제를 해결할 때 스타일마다 접근하는 방법이 다르다. 이 네 가지 스타일은 각기 탐험가형 (Pioneers), 추진가형(Drivers), 관리자형(Guardians) 그리고 통합 가형(Integrators)이다. 그 특성은 아래의 표와 같다.

스타일	대표적인 특성과 성향
탐험가형 Pioneers	가능성을 중요시하고 팀원들에게 에너지와 상상력을 불어넣 어준다. 위험을 선택하고 믿는 바를 위해서 밀어붙인다. 탐험 가형은 큰 그림을 그리고 대담하게 새로운 아이디어를 수용하 며 독창적인 접근을 시도한다.
추진가형 Drivers	도전과 일을 강하게 실행하는 것을 중요시한다. 늘 결과를 중 요시하며 경쟁에서 이기는 것을 최선으로 한다. 사태를 흑백 논리로 판단하며 논리와 데이터를 이용하여 문제를 정면으로 해결하려고 한다.
관리자형 Guardians	안정성을 중시 여긴다. 이들은 질서와 엄격함을 우선시하는 실용주의자들이며 리스크를 감수하기 싫어한다. 데이터 및 사 실에 근거하는 판단을 중시하며 디테일에 강하고 과거의 데이 터로부터 사태를 판단한다.
통합가형 Integrators	사람들을 연결시키고 팀들을 모으는데 가치를 둔다. 좋은 관 계를 맺는 것과 팀에 대한 책임감을 최우선시 한다. 이들에게 중요한 것은 관계며 대부분의 일들이 서로 연관되어 있다고 생각한다. 공감을 얻는 것에 집중하며 외교술이 뛰어나다.

비즈니스 케미스트리 시스템의 네 가지 스타일

또한 그녀들이 조사한 리더십 프로파일 서베이Leadership Profile Survey의 결과를 보면, 전체 661명의 C레벨(CXO)의 경영자 중에서 탐험가형에 해당하는 사람의 비율(약 36퍼센트)과 추진가형의 비율(약 29퍼센트)이 관리자(약 18퍼센트)나 통합가(약 17퍼센트)에 비해서 월등히 높았다. 즉 경영진의 65퍼센트가 추진가형이거나 탐험가형이었던 셈이다. 경쟁적 시장 환경에서 살아남고 성장하기 위해서는 이러한 유형의 경영진이 좀 더 필요했을 것이다.

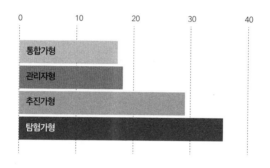

최고경영자의 업무 스타일 비율
(출처: 리더쉽 프로파일 서베이 by 딜로이트 비지니스 케미스트리 시스템)

사전에 특별히 정해진 규칙이 없이 회의를 진행하면, 대부분 추진가형이나 탐험가형의 사람들이 논의를 주도하게 된다. 자기주장이 강하거나 목소리가 큰 사람, 회사에서 영향력이 있는 소수에 의해서 회의가 좌지우지된다. 주눅 든 나머지 사람들은 다양하고 혁신적인 아이디어를 발의하지 못하고 의견 개진의 기회마저 박탈당한 채 회의가 끝날 때까지 꿀 먹은 벙어리로 자리만 차지하다 나온다. 이를 방지하기 위해서는 회의를 위한 사전 준비가 필요하다.

• 비즈니스 케미스트리 시스템 •

미국 럿거스대학의 생물인류학자인 헬렌 피셔 박사와 프린스턴대학의 분자생물학자인 리 실버(Lee Silver) 교수의 조언을 토대로 직장 내에서 업무 관련 직원들의 행동 특성과 성향을 네 가지 스타일로 정리한 목록이다. 이들은 평가지를 만들어 190,000명 이상의 직장인들에게 나눠주고 각 유형이 어떻게 일하는지를 확인하기 위해 3,000개 이상의 작업 세션들을 관찰했다.

탐험가형이나 추진가형의 관점에서 관리자형이나 통합가형 스타일의 직원들은 어떻게 보일까? 무엇이든 적극적인 그들에게는 관리자형이나 통합가형 직원은 사소한 것에 집착하여 따지기를 좋아하고, 새로운 사업에 진입하려고 하면 위험하다고 손사래부터 치며, 당장 일을 급하게 진행해야 하는 상황에서도 "이 자료가 부족하네요, 저 자료가 필요합니다." 하면서 달려나가려는 사람의 뒷다리를 당기기 일쑤인 부류들로 비춰질 것이다. 더 얄미운 것은 책임은 또 지지 않는다는 것이다. 이런 이유로 그들이 이야기를 하면 크게 관심도 없고 미주알고주알 늘어놓는 데이터 정보를 가만히 앉아 듣고 있기에는 시간이 아깝

다는 생각에 듣는 둥 마는 둥 한다. 최대한 인내심을 발휘하며 듣고는 있지만, 어서 발표가 빨리 끝나고 자신의 방식대로 결론을 도출하고 싶어 한다.

반대로 관리자형이나 통합가형 직원의 눈에는 탐험가형이나 추진가형 스타일의 직원들이 어떻게 보일까? 우선 그들이 하는 것을 보면 거의 칼을 입에 물고 춤추는 형국과 진배없다. 신규 사업을 추진하기에는 시장 상황이나 현재 회사의 재무구조 등으로 볼 때 상당한 리스크가 예상된다. 이에 대해 조곤조곤 설명해 주고 싶지만, 바쁘다는 핑계로 시간을 내주지 않거나 어렵게 마련한 자리에서도 듣는 둥 마는 둥 한다. "그러니까 말의 핵심이 뭐죠? 가능하다는 건가요, 아닌가요?" 가만히 앉아 회의를 하기보다 당장 거래처를 찾아 뛰쳐나가는 것만 골몰한다. 머릿속에는 온통 영글지 않은 발상과 기상천외한 도전뿐이다. 동료들의 말을 차분히 듣지도 않고 자기 식으로 밀어 붙이는 그들의 스타일로 인해 가끔은 인격적으로 무시당하고 있다는 생각도 든다. 상황이 이렇다 보니 서로 간에 신뢰나 존중이 있을 리 없다. 토론을 통해 동의를 끌어내는 것은 물 건너간 지 오래다.

그럼 어떻게 할 것인가? 과연 이렇게 다른 스타일의 직원들에게 조화로운 케미를 기대할 수 있을까? 해답은 '운영의 묘妙'를 발휘하는 것이다. 효과적인 회의를 위해서 사전에 참석자들의 스타일을 먼저 파악하고 회의의 흐름을 시뮬레이션하여 발표자의 순서와 시간을 정하는 것이다. 회의 초반에 관리자형이나 통합가형 스타일의 참석자들이 발표하도록 하면, 주도적인 소수에 의해 회의 분위기와 방향이 장악되는 것을 방지할 수 있고, 주목받지 못했거나 무시되었을 법한 그들의 의견을 귀담아 들을 수 있다. 더불어 그들에게 회의에 자신이 공헌하고 있다는 자부심도 줄 수 있다. 탐험가형 스타일의 사람들이 생각하기에 관리자형 스타일의 사람들은 큰 그림을 보기보다는 중요하지 않은 사소한 내용을 설명하는데 시간을 낭비한다고 믿기 때문에, 발표 시간을 한정하여 시간 내에 발표를 마치도록 유도한다. 발표자는 의견을 말할 수 있는 기회를 부여받았고, 듣는 사람의 입장에서도 그 정도의 시간은 기꺼이 인내(?)할 수 있다고 생각한다.

회의 시작 전에 발표 내용이 충분히 준비되지 않았다거나 발표를 만족스럽게 하지 못했을 때에도 이로 인한 불이익이나 문책이 없을 거라는 사실을 사전에 미리 알려 준다. 아직 알려지지 않은 숨겨진 리스크나 아이디어를 찾아내기 위해서는 다양한 의견들이 자유로이 개진되어야 하며 비판적인 의견도 얼마든지 수용한다는 것을 참가자들에게 알려주어야 한다. 특히 관리자형 스타일과 통합가형 스타일의 사람들은 업무나 관계에서 스트레스를 쉽게 받는 편이라 자유롭고 유쾌한 회의 분위기를 유지하는 것이 무엇보다 중요하다. 이외에도 다른 방법들이 있을 것이다. 중요한 것은 효과적인 회의 진행을 위해서는 각기 다른 스타일의 사람들의 성향을 고려하여 회의 내용과 순서, 그리고 시간 배정 등 세밀한 준비가 필요하다는 것이다. 그렇지 않고서는 생산적인 갈등이 아닌 비생산적이고 소모적인 갈등으로 인해 회의의 효율성은 크게 떨어지고 서로에게 불필요한 내상을 입히게 된다. 또한 비판적이고 다양한 의견의 부재로 조직이 잠재적 리스크에 취약하게 된다.

기업에서 새로운 아이디어를 내기 위한 회의 방법으로 이미 우리에게 익숙한 브레인스토밍brainstorming 기법을 많이 사용한다. 브레인스토밍은 말 그대로 한 주제를 가지고 회의 참석자들이 생각나는 모든 아이디어를 자유롭게 제시하는 것이다. 그 의견이 현실적으로 실현 가능한지 아닌지의 여부는 나중에 생각하고 일단 말도 안 되는 이야기라도 회의 석상에 모두 쏟아내는 것이다. 물론 나중에 투표를 통해 중요도 높은 아이디어를 채택한다. 이 브레인스토밍은 실행가능성은 별개로 하더라도 새로운 아이디어를 찾아내는데 매우 효과적이다. 하지만 이 방식에도 여전히 문제가 있다. 노스웨스턴대학 경영학과 교수인 레이 톰슨Leigh Thompson의 연구 결과에 따르면, 전통적인 브레인스토밍 회의에서도 특정한 소수가 이야기의 60~75퍼센트를 끌어간다고 한다. 한 마디로 여전히 말 하는 사람만 말을 한다는 얘기다. 이러한 브레인스토밍의 방식을 보완할 방법으로 브레인라이팅Brainwriting이 있다. 후자가 전자와 다른 것은 자기의 의견을 대화를 통해서 드러내는 것이 아니라 쪽지에 의견을 적는 것이다.

실제로 회의 참석자끼리 서로 이야기를 하면서 아이디어를 낸 경우와 다른 참석자와 대화 없이 자기만의 의견을 종이에 적어서 낸 경우, 여덟 번에 걸친 유사한 실험 결과에 따르면 놀랍게도 후자의 경우가 고안된 아이디어의 숫자도 20~40퍼센트 많고 그 질도 높은 것으로 나타났다. 브레인라이팅의 방식을 통하면 회의 시간동안 다른 사람의 방해 없이 자기만의 생각에 몰입하여 아이디어를 생산할 수 있다. 그에 반해 다른 사람의 의견을 들어야 한다면, 떠오른 아이디어에 대한 생산을 더 이상 이어갈 수 없을 뿐 아니라, 다른 사람 이야기를 듣다보면 자신의 아이디어가 관련이 없을지도 모른다는 생각에 지레 묵살을 할 수도 있다. 무엇보다도 익명성이 보장되다 보니 혹시라도 있을 사회적 창피함을 피한다는 장점도 있다.

이미 사회적 합의에 의해서 오염되지 않은 깨끗한 자기만의 아이디어를 책상 위에 올려놓기를 원하거나, 마음의 평화와 '좋은 게 좋은 것'이라는 식의 사고와 타협하지 않는 여과되지 않는 아이디어와 생각을 창출하기 위해서 이 브레인라이팅도 좋은 회의 방법이다.

6장

우리의 손은 두 개뿐이다
—멀티태스킹의 함정—

멀티태스킹은 동시에 모든 일을 망치는 기술이다.

제레미 클락슨|Jeremy Clarkson

회의 중에도 노트북을 보면서 열심히 이메일을 쓰는 직원들이 있다. 회의하랴 이메일 쓰랴 다들 바쁘다. '타닥타닥' 여기저기서 경쾌한 기판 두들기는 소리가 앞에서 열심히 발표하는 직원의 목소리와 섞여 주위가 산만하다. 살짝 짜증도 난다. '과연 이 사람들이 발표 내용은 듣기는 하는가?' 하는 의구심도 든다. 우리는 음악을 들으며 책을 읽고, 햄버거를 먹으며 신문기사를 훑어보는 데 익숙하다. 보고서를 보면서, 고객과는 전화로 능숙하게 업무를 보는 직원을 신기하게 바라본 적이 있다. 그런 그들에게 방금 전 발표한 내용에 대해서 물으면 "죄송합니다. 이메일을 쓰느라 못 들었습니다."라고 말한다. 그럼 도대체 회의에 왜 참석했는지 도로 묻고 싶다.

사실 이점은 필자도 마찬가지다. 회의를 위한 자료 준비를 하면서 동시에 직원으로부터 보고를 받는 등 두 가지 이상의 일을 함께 처리해야 하는 경우가 많다. 시간에 쫓기다 보니 이런 일이 다반사다. 하지만 어느 것 하나 제대로 처리하는 게 없다. 머리는 지끈거리고 마음만 급해진다. 능력이 뛰어난 사람은 소위 멀티태스킹multi-tasking을 능숙하게 한다는데, 그럼 나

같은 사람은 뛰어난 사람이 되기에는 애초에 글렀나? 여러 가지 일을 동시에 하는 사람들 중에는 서로 다른 업무를 함께 처리하는 것이 도리어 집중력도 좋아지고 일도 재빨리 처리할 수 있다고 말하기도 한다. "한 가지 일을 하기에 인간의 집중력은 더 위대하다." "두 가지 일을 함께 처리하면 잡념도 들지 않고 서로 보완되니 좋다." "인간은 평소 뇌를 5퍼센트만 쓴다. 까짓 거 한두 가지 일을 더 한다고 과부하가 걸릴 뇌가 아니다." 관리자 입장에서는 직원이 두 가지 일을 효율적으로 해낸다면야 더 바랄 게 뭐가 있겠는가? 문제는 '그런 멀티태스킹 작업을 통해 내놓은 결과물의 수준이 어떠한가?' 일 것이다.

스칼렛 요한슨 주연의 「루시」 같은 특정 영화의 영향인지 모르겠지만, 우리는 '사람들이 자신의 뇌를 고작 5퍼센트 밖에 못쓴다.'라는 출처 불명의 이야기를 자주 듣는다. 이는 멀티태스킹을 지지하는 사람들의 근거로 종종 사용되기도 한다. 누구는 아인슈타인이 말했다고도 하고, 누구는 스티븐 호킹이 말했다고도 한다. 물론 그 누구도 사실이 아니다. 이 근거 없는 이야기는 새로운 주제와 만나 다양한 사례들이 덧붙으며 점차 우리들 사이에 굳건한 진실로 자리 잡았다. 유사 뇌과학으로 장사를 하는 몇몇 학습지 업체들은 공공연하게 이 신화 같은 이야기를 전단지 전면에 배치하여 사람들을 현혹한다. 5퍼센트의 사용량을 10퍼센트로 늘리는 방법을 소개한다며 광고한다. 과연 사실일까? 이번 장에서는 바로 이런 부분을 뇌과학이 뭐라고 말하는지 살펴볼까 한다.

신경 네트워크의 비밀

멀티태스킹에 대해서 알아보기 전에 뇌를 구성하는 네 가지 주요 신경 네트워크들에 대해서 알아보자. 이 내용은 이 장을 포함해서 뇌의 작동과 관련된 모든 내용에 참고가 된다.

사실 뇌를 영역별로 쪼개고 나누어 해당 부위가 담당하는 기능을 따로 연구하는 방식은 뇌 영상 기술이 고안되기 이전에 해오던 고전적 방식이다. 당시만 하더라도 살아있는 뇌를 직접 열어서 들여다 볼 수 없었기 때문에 뇌가 실제로 어떻게 작동하는지 알 도리가 없었다. 이후 초해상도 영상 기술의 발전과 초정밀 현미경의 도입, 그리고 브레인보우 생쥐brainbow mouse 연구와 같은 유전자를 이용한 연구 기법 등이 발전하면서 기존의 기능 위주의 영역별 뇌 연구를 넘어서 뇌의 전체 영역에 걸쳐 연결된 신경 네트워크의 관점에서 뇌를 연구할 수 있게 되었다. 그 결과 우리가 알게 된 사실은 뇌의 다양한 영역들이 기존에 알고 있었던 것보다 훨씬 복잡하게 연결되어 있으며 의식적으로든 무의식적으로든 끊임없이 상호 작용한다는 점이었다.

네트워크 종류	활성화 조건 및 요인	조정 대상	용도
태만 네트워크 default network	의식은 깨어있지만 외부 자극이나 특정 목표에 집중하지 않을 때	마음속에 있는 생각 과 과거, 현재, 미래 를 오가며 생각하거 나 현실에 대한 대안 을 모색	창조적인 사고와 혁 신적인 아이디어가 필요할 때
보상 네트워크 reward network	즐거움을 유발하는 음식, 돈, 칭찬, 섹스 등과 같은 외부 자극 에 반응할 때	즐겁거나 즐겁지 않 은 감정	동기부여와 보답이 필요할 때
감정 네트워크 affect network	사람이 기쁨이나 슬 픔 등의 감정을 느낄 때	자율적이고 내분비 적인 반응(혈압, 심장 박동수, 체온 등의 변화) 에 대한 해석	직감, 예감이 필요하 거나 감정이 의사결 정에 영향을 끼칠 때
통제 네트워크 control network	장기적으로 중요한 결과나 그 영향에 대 해서 평가하고 주의 가 필요한 부분에 선 택적으로 집중할 때	목표에 맞게 행동을 맞추고 조절하는 능 력	우선순위를 정하거 나 멀티태스킹의 이 점과 위험을 알아야 할 때

네 가지 주요 신경 네트워크와 그 특징

최근의 연구 결과를 보면, 사람의 뇌는 15개의 신경 네트워 크들과 그 하위 네트워크들로 이루어져 있다. 그 중에서 가장 중요한 역할을 담당하고 있고 잘 알려진 네 가지 신경 네트워 크를 알아보자. 이 네 가지 주요 신경 네트워크들은 각자의 역 할을 수행하면서도 서로 간에, 기차가 선로에서 벗어나지 않도 록 액셀과 브레이크를 적절히 조정하듯이 상호 보완, 상승, 상

쇄 등을 통해서 균형 잡힌 사고와 의사결정을 하게한다. 즉 단
기적이고 현실적인 욕구를 추구하면서도 동시에 장기적인 계
획이나 이상을 추구한다거나, 오랜 심사숙고의 과정을 거쳐 의
사결정을 하면서도 동시에 직관에 의한 신속한 의사결정도 내
릴 수 있다는 것이다. 물론 개인마다 가지고 있는 네트워크들
의 강도는 각기 다를 것이다. 개인마다 타고난 DNA가 다르고,
신경세포 간의 연결도 자라온 환경이나 후천적 경험 때문에 다
를 수밖에 없기 때문이다.

1) 태만 네트워크

우선, 태만 네트워크가 있다. 이 신경 네트워크는 의식이 깨
어있지만 특정한 일에 집중하지 않을 때 활성화된다. 이 네트
워크는 오감을 통해 외부에서 들어오는 새로운 시각과 청각,
촉각 등 새로운 정보를 수용하고 처리하기보다는 뇌 내부에 이

미 존재하고 있는 정보들을 분석하고 정리하는 작업에 더 많은 시간을 할애한다. 이 네트워크가 가진 가장 큰 장점은 현실 그리고 현재를 뛰어넘는 초월성에 있다. 지금 여기here and now 있지만 지금 여기를 벗어날 수 있는 능력을 지니고 있는 셈이다. 이 네트워크 덕분에 우리는 지금 여기 이외의 다른 장소, 또 현재뿐 아니라 과거나 미래, 그리고 자신의 입장뿐 아니라 상대방의 입장 등에 대해서도 생각하고 상상할 수 있다. 이러한 현재성을 뛰어 넘는 초월성이 작동할 때는 현재의 외부 자극이나 환경으로부터 스스로를 분리시킨다. 이 네트워크가 활성화되면 현실을 초월하여 창조적이고 혁신적인 사고를 하게 되는 것이다.

2) 보상 네트워크

두 번째는 보상 네트워크다. 이 네트워크는 즐거운 자극이 주어지면 활성화되고 반대로 자극이 줄어들면 활성도가 떨어진다. 보상 네트워크의 존재는 1954년 두 명의 심리학자에 의해 우연히 발견된 이후 60여 년 넘게 연구가 이어져 오고 있다. 바로 캐나다 맥길대학의 심리학과 교수였던 피터 밀너Peter Milner와 제임스 올즈James Olds다. 그들은 침을 쥐의 뇌에 꽂고 전기 자극을 주어 수면의 메커니즘을 연구 중이었는데, 예상과 달리 도파민을 방출하고 수용하는 뇌의 영역에서 특이한 현상을 발견했다. 실험쥐들이 전기 자극에 쾌감을 느끼는 것 같았기 때문이다. 이 부분을 좀 더 자세히 관찰해야겠다는 판단에 두 사람은 케이지 중간에 레버를 설치하고 쥐가 스스로 이 레버를 누르면 뇌에 심어진 전극에 전기가 흐르도록 실험 환경을 조성했다.

실험 결과는 충격적이었다. 실험쥐들은 스스로 뇌를 자극하기 위해 시간당 무려 7천 번이나 레버를 '자발적'으로 눌렀다. 전기 자극은 쥐들의 쾌감 중추이자 보상 네트워크를 자극했고, 이 자극은 교미나 먹이처럼 자연적으로 주어지는 어떤 자극보다 훨씬 강했다. 밀너와 올즈는 케이지 안에 먹이와 물도 넣어주었지만, 쥐들은 먹으려고도 교미하려고도 하지 않았다. 쥐들은 뇌를 자극하는 레버만 주야장천 눌러댔다. 그들은 마치 먹는 걸 아예 잊어버린 것처럼 보였다. 결국 쥐는 그렇게 굶어 죽었다. 전극 바늘의 위치는 우연히 결정되었다. 당시는 정확한 뇌의 지도가 존재하지 않았던 시기였다. 하지만 올즈와 밀너는 운이 좋았다. 바늘이 꽂힌 위치는 기분 좋은 감정을 만드는 뇌 부위인 측좌핵nucleus accumbens 바로 옆이었다.

사실 보상 네트워크는 오랜 진화 과정 속에서 완성된 생존 법칙의 하나로 인간을 포함해서 쥐나 개, 고양이 등이 거의 유사하다. 이 네트워크는 세 가지 경로로 구성되어 있다. 먼저 복측피개영역ventral tegmental area이라고 하는 중뇌 신경세포 무리가 있는데, 이곳에서 '쾌락의 호르몬' 도파민이 만들어진다. 맛있는 음식을 먹거나 섹스를 할 때, 술이나 담배, 마약 같이 중독적인 물질을 이용할 때, 이 보상 네트워크에 도파민이 분비되는 것이다. 이렇게 분비된 도파민은 측좌핵으로 흘러들어 전기적으로 활성화된다. 이어 측좌핵은 전전두엽피질prefrontal cortex과도 연결되어 있어서 이 쾌락을 기억하고 계속 되풀이하고 싶은 동기를 유발한다. 보상 네트워크는 일차적으로 생존과 관련한 생리적 욕구, 즉 갈증이나 굶주림, 성적 욕구 등이 충족되었을 때 활성화되고, 그 이상의 이차적 욕구들의 충족에 의해서도 활성화된다.

• 도파민 •

1950년대 발견된 신경전달물질로서 중뇌의 흑질(substantia nigra)과 복측피개영역 신경세포에서 분비된다. 쾌락과 삶의 의욕, 인지, 운동 등 다방면의 뇌 기능에 관여한다. 다만 도파민이 너무 과도하거나 부족하면 ADHD나 조현병, 우울증, 치매 증상을 유발하기도 한다. 또한 파킨슨병도 도파민 생성에 문제가 발생하여 운동 기능이 떨어지는 질환이다.

당연히 돈과 같은 금전적인 보상에 민감하게 반응하며 쾌감을 느낀다. 돈을 이용하여 생존에 필요한 욕구뿐 아니라 그 이상의 대부분의 욕구를 충족시킬 수 있기 때문이다. 부자가 되

면 먹고 사는 기본적인 생존의 욕구를 만족시킬 수 있을 뿐 아니라 위생적이고 안전한 환경에 거주할 수 있고, 다른 사람들로부터 존경을 받고 좀 더 용이하게 자아를 성취할 가능성이 높지 않은가? 주목할 만한 것은 보상 네트워크를 활성화시키는 것은 돈을 비롯한 금전적인 보상이 전부가 아니라는 것이다. 사람들은 금전적인 보상을 비롯한 물리적 요소 이외의 비물질적인 요소들에 의해서도 활성화된다. 예를 들면 다른 사람으로부터의 존경이나 사회적인 인정, 분배의 공정성, 투명한 정보의 공유, 배움에 대한 기회 및 배움을 통한 기대를 할 경우에도 보상 네트워크는 활성화된다. 우리가 물질 만능주의에 익숙해 있기 때문에, 비물질적이고 추상적인 요소 등에 의해서도 보상 네트워크가 활성화된다는 사실이 언뜻 실감나지 않을 뿐 아니라, 우리가 자라오면서 배운 윤리규범에 의해 학습되어진 '그렇게 해야 한다.'라는 당위성이나 의무감에 의한 것이라고 생각할 수도 있다. 하지만 비물질적인 요소에 의해서도 보상 네트워크가 활성화된다는 것은 과학적으로 증명된 결과다.

3) 감정 네트워크

세 번째로는 감정 네트워크가 있다. 이 네트워크를 설명하기에 앞서 이런 질문을 먼저 던져보자. '직관적으로 내리는 결정과 오랫동안 심사숙고한 결정 중 과연 어느 것이 더 정확할까?'

대부분 많은 사람들은 당연히 오랜 시간 많은 정보를 분석하고 내린 결정이 더 성공할 확률이 높을 것이라고 생각한다. 하지만 완전히 그렇다고 단정할 수 없다. 행동심리학자들은 인간의 의사결정 중에 80퍼센트 이상은 이성이 아닌 감정에 의해 이루어진다고 주장한다. 실제로 우리가 내리는 의사결정들이 직관적이고 감정적인 경우가 더 많다. 게다가 그런 결정의 결과가 그닥 나쁘지 않다는 것도 경험상 알고 있다.

2011년, 콜롬비아대학 경영대학원 교수인 미켈 투안 팸Michel Tuan Pham은 자신의 논문에서 자신의 감정을 믿는 사람들이 자신의 감정을 불신하는 사람들보다 실지로 삶의 전 영역에서 미래를 더 정확하게 예측한다고 밝혔다. 이를테면, 미국 민주당 대선 후보 경선이나 다음 주 개봉하는 영화 박스오피스 흥행 성적, 주식시장의 등락, 심지어 내일의 날씨마저도 이성적 판단보다 감정적 결정이 훨씬 승률이 좋았다는 것이다. [1]

무엇이라고 꼭 집어서 말하지는 못하지만, 우리가 가지고 있는 느낌의 정체와 효과는 아직도 논란의 대상이다. 뇌과학자들은 우리가 느끼는 감정 혹은 정서에 대해 다음과 같이 설명한다. 일단 특정한 외부 자극이 신체에 생리학적인 변화를 일으키면, 뇌는 이를 맥락으로 엮어서 일종의 꼬리표를 달아 놓는

---

[1] 이 흥미로운 논문에 대해서는 김현철, 트릿(부천: 피톤치드, 2021), p.98~99을 참고하라.

다. 이를테면 격렬한 달리기나 공포영화 관람은 신체의 혈압을 높이고 심박수를 증가시키며 체온을 올린다. 이 자극을 경험한 뇌는 이 경험과 신체 변화를 묶어서 하나의 느낌으로 꼬리표를 붙인다. 신경을 곤두서게 만드는 자동차의 경적 소리 또는 상쾌한 이른 아침 나무 위에서 재잘대는 새소리 등은 모두 감정 네트워크에 의해서 어떠한 느낌으로 묶여서 이해된다. 결국 느낌이라는 것조차 아무 근거 없이 발생하는 것이 아니라 매우 정교한 인지 활동의 부산물이라는 말이다.

우리가 수험생이라고 가정해보자. 평범한 학생이라면 시험 일자가 점점 다가올수록 불안감을 느낄 게 뻔하다. 아무리 공부를 잘하는 우등생이더라도 시험을 좋아할 리 만무하다. 이렇게 우리가 불안감을 느끼는 것은 시험 결과가 안 좋았을 때 경험할 수 있는 패배감과 자신에 대한 자괴감 그리고 재수를 해야 한다는 부담감 등이 예상되기 때문이다. 이런 느낌은 무의식적이고 자동적으로 우리 뇌에서 활성화된다. 이미 뇌가 특정한 느낌에 꼬리표를 붙여서 기억해 두었다가 비슷한 경험을 할 때 전전두엽이 그 원인을 분석하기도 전에 꼬리표 붙여진 감정을 바로 소환하기 때문이다. 이와 같이 감정 네트워크는 신속한 판단을 내릴 수 있게 도와준다. 결정에 필요한 수많은 변수들을 고려하는 수고나 시간을 들이지 않고도 꼬리표를 통해 직행할 수 있다는 장점이 있다.

감정 네트워크에 장점만 있는 건 아니다. 한 번 붙은 꼬리표는 좀처럼 떼기 힘들기 때문에 쉽게 선입견과 편견에 사로잡힐 수 있다. 개에게 물린 적이 있는 사람은 좀처럼 강아지와 친해질 수 없다. 복숭아를 먹다 체한 적이 있는 사람은 복숭아 과즙 함량이 고작 1퍼센트 밖에 안 되는 캔 음료수도 마시기를 꺼려 할 것이다. 한 마디로 '자라 보고 놀란 가슴 솥뚜껑 보고 놀라는 꼴'이다.

4) 통제 네트워크

마지막으로 통제 네트워크가 있다. 통제 네트워크는 말 그대로 다른 신경 네트워크들의 작동을 제어하고 억제하는 역할을 한다. 눈앞의 단기적인 이익이나 보상에 대한 기대감, 본능적인 욕구 충족이나 습관적으로 해오던 행동들을 억제하고 좀 더 장기적이고 높은 가치를 추구할 때 활성화되는 신경 네트워크다. 태만 네트워크와는 서로 상반되는 관계에 놓여 있다. 예를 들어 현실 세상의 문제를 해결하기 위해서 통제 네트워크가 개입하면 할수록 태만 네트워크의 활동은 위축된다. 즉 현재의 시간, 현재의 장소 그리고 나의 입장에서 벗어나지를 못한다. 상상의 나래를 펴는 것을 억제함으로써 시공을 초월하는 창조적인 능력이 발휘되지 않는다. 이와 같이 통제 네트워크는 다른 네트워크들을 제어함으로써 생각이 현재 이 순간에 있게 하고 방황하지 않고 닻을 내려놓은 것처럼 안정되게 한다. 보상 네트워크에도 관여하여 지금 당장의 욕구나 단기적인 이익에 현혹되지 않고 좀 더 장기적이고 중요도가 높은 일에 반응하도록 한다. 또한 여러 가지 일을 동시에 수행하는데 따르는 이득과 위험에 대한 분석을 하여 일의 우선순위를 정한다.

위의 네 가지 신경 네트워크들은 개인마다 작동하는 정도가 다르며 새로운 자극이나 경험에 따라 네트워크들이 수정된다. 이러한 이유로 인해서 사람마다 각기 다른 자아를 가지고 있고 각기 다른 사고나 행동을 보여 준다.

피로한 뇌— 멀티태스킹 권하는 사회

다음 그림을 먼저 들여다보자. 그림에서 먼저 눈에 띄는 건 무엇인가? 이 그림은 우리가 익히 알고 있는 영국 화가 윌리엄 힐William Ely Hill이 그린 「나의 아내와 장모My wife and My Mother-in-Law」이다. 그림을 보면, 젊은 여인이 뒤돌아보는 모습이 보이면서 동시에 늙은 할머니의 모습도 보인다. 제목대로 말하자면, 아내의 콧등이 장모의 눈두덩이가 되고, 아내의 날렵한 턱선은 장모의 듬직한 매부리코도 된다. 아내의 귓바퀴는 장모의 퀭한 눈매가 되고, 아내의 목걸이는 장모의 입술도 된다. 이렇게 보

면 이렇게, 저렇게 보면 저렇게 보인다. 그렇다고 아내와 장모가 동시에 보이진 않는다. 우리는 둘 중에서 하나의 가능성만 받아들이고 다른 가능성은 포기해야 한다.

초연결사회로 접어들면서 폭주하는 정보를 처리하느라 우리 뇌는 과거와는 비교할 수 없을 정도로 바쁘다. 특히 뇌 속의 다양한 네트워크들을 조율하고 관리하는 통제 네트워크에 과부하가 많이 걸린다. 통제 네트워크는 과제를 처리하기 위해 뇌의 가용 자원들을 적절히 배분하고 일의 중요도에 따라 우선 순위를 정하는 역할을 한다. 즉 뇌의 여러 영역에 흩어져 있는 각종 정보들을 가져오고, 이 정보들을 필터링해서 필요한 정보만을 걸러낸다. 이후 걸러진 정보들을 서로 비교 분석한 후 과제의 중요도에 따라 에너지를 할당한다.

따라서 멀티태스킹을 수행할 때, 하나의 과제를 마치고 다른 과제로 전환할 때는 먼저 수행하던 과제를 마무리하고 저장한 다음에 다른 업무를 불러와야 한다. 이러한 일련의 작업들은 추가적인 에너지를 필요로 한다. 반복적으로 이러한 전환이 일어나게 되면 뇌에 피로감이 누적된다. 이것은 영어책을 가지고 영어 공부를 하다가 수학 공부를 하기 위해서 수학책을 꺼내는 것과 비유할 수 있다. 영어 공부한 내용을 정리하여 저장한 후 수학 공부를 하기 위해 이전의 기억을 불러내는 것과 같다. 여기에 다시 물리나 화학 공부를 추가한다면 우리의 뇌는 공부하는 것 자체보다 정보를 정리, 저장, 인출하는데 더 많은 에너지를 소모할 것이다.

뇌 속에서는 의식적이건 무의식적이건 수많은 생각들이 끊임없이 생겨났다 사라진다. 이에 따라 신경세포 연결들이 활성화되거나 비활성화된다. 온오프 스위치가 정신없이 켜졌다가 꺼지는 꼴이다. 단순해 보이는 점심 메뉴 선택도 간단하지가 않다. 뇌는 끊임없이 정보를 모으고 불필요한 정보를 걸러내

비교한 후 최종 의사결정을 한다. 즉흥적인 결정이라고 느끼는 단순한 과정도 사실 고도의 복잡한 뇌 활동의 결과이다.

아침을 걸러서 시장한 김 대리는 점심 식사 메뉴로 높은 열량으로 허기를 보충할 수 있는 음식을 선택할 것이다. 이때 그는 장기적인 비만을 걱정하는 통제 네트워크보다는 배고픔을 호소하는 보상 네트워크의 주장을 받아들일 공산이 크다. 이와 반대로 올 여름 멋진 비키니를 입은 모습을 꿈꾸며 다이어트 100일 작전에 돌입한 정 대리는 맛있는 고칼로리 메뉴보다는 건강한 저칼로리 음식을 선택하라는 통제 네트워크의 지시를 따를 것이다. 햄버거로 대충 때우고 싶었던 최 대리는 평소 마음에 드는 이성 동료를 우연히 만났다면 흔쾌히 파스타 잘하는 이탈리아 레스토랑으로 발길을 돌릴 것이다. 그의 감정 네트워크가 활짝 열린 것이다. 이처럼 점심 메뉴 하나를 선택하는 것에서도 뇌의 거의 모든 영역들이 연결되어 풀가동한다.

이와 같이 비교적 간단한 업무를 처리하기 위해서도 뇌의 거의 모든 영역들이 동원되다시피 하며 그 과정에 막대한 에너지를 소모하는데 하물며 멀티태스킹은 뇌의 피로를 훨씬 가중시킨다. 뇌의 정보 필터링의 효율은 급속히 떨어지고, 필요한 정보를 걸러내지 못한 상태에서 뒤죽박죽된 정보들이 마구 쏟아져 들어온다. 마치 컴퓨터 중앙처리장치 CPU에 과부하가 걸려서 열이 심하게 나면서 오작동을 일으키는 경우와 흡사하다.

이처럼 멀티태스킹은 개인의 업무 수행능력을 떨어뜨릴 뿐 아니라, 뇌의 자기 억제력을 약화시켜 상식적인 억제의 고삐마저 잃게 만든다. 또한 지능지수 IQ도 10정도 저하시킨다는 연구 결과도 있다. 심지어 런던대학교의 연구에 의하면, 이러한 멀티태스킹 기간이 길어지면 뇌의 변형이 초래될 수 있다고 한다. 회의를 하면서 이메일을 보내고, 모바일로 지인에게 문자도 보내고, 동시에 발표 자료도 수정하고, 상사의 질문에 답하고…. 잠시도 쉬지 않고 일하지만, 일의 효율은 떨어지고 뇌의 피로감은 누적된다. 장기화되면 뇌에 손상까지 입게 된다. 뇌가 피곤해지면 인내심에 바닥이 드러나고 짜증이 올라오며 상대방에게 공격적으로 대응하게 된다. 많은 일을 하지만 도리어 중요한 일에 집중하지 못한다. 주위 상황을 종합하여 판단할 집중력과 에너지가 없어서 본인 혼자 성급하게 결정을 내리며 비상식적인 악수를 두기 십상이다. 개인이 아니라 조직을 이끄는 경영진이 이러한 상태에 있다면 조직은 곧 심각한 위험에 처할 수밖에 없다.

효과적인 경영자와 관리자가 되기 위해서는 과도한 멀티태스킹의 유혹에서 벗어날 줄 알아야 한다. 조직의 성과를 위해서 그리고 무엇보다도 본인의 정신적 건강을 위해서 특히 필요하다. 과중한 멀티태스킹으로 피로와 짜증으로 점철되어 있는 관리자 밑에서 일하고 싶은 직원은 없을 것이다. 성과는 성과대로 나오지 않으면서 항상 스트레스 상태에서 일해야 하기 때문이다. 뇌과학자들의 주장에 따르면 오늘날 정신노동자들이 수행하고 있는 업무량이 더 이상 확대할 수 없을 정도로 한계에 봉착했다고 진단한다. 이미 현대 조직은 최대한의 성과와 효율을 내기 위해서 더 이상 과제를 얹을 수 없을 정도로 최적화되어 있다는 것이다. 우리 산업 체계가 이미 정신노동자들을 쥐어짤 만큼 쥐어짜고 있다는 말이다. 멀티태스킹에 찌든 현대의 정신노동자들에게 길가에 핀 해바라기를 바라볼 여유는 주어야 하지 않을까?

7장

닮아가는 뇌
―거울 뉴런이 경영에 왜 중요한가―

거울 뉴런은 사람들 간의 공감과 정서적 조율, 호혜성의
유대를 창출한다.

코헨 프레이버Cohen Praver

인간은 누구나 모방을 좋아한다. 남을 따라 하기를 즐기는
사람을 일컬어 카피캣copycat이라고 하는데, 그런 점에서 인간
은 정도의 차이만 있을 뿐 모두 카피캣들이다. 이에 대해 『통
섭』의 저자 에드워드 윌슨Edward O. Wilson은 다음과 같이 말한다.

"신경 생물학자들은 인간과 다른 고등 영장류가 사회적 상호
작용을 할 때 활성화되는 신경 회로가 세 가지 존재한다는 것

을 알아냈다. 첫 번째는 정신화로서 목표를 세우고 그 목표를 달성하기 위해 적절한 행동을 계획하는 회로다. 두 번째는 공감화로서, 남의 동기와 감정을 이해하고 앞으로의 행동을 예측하기 위해서 자신을 남의 입장에 놓는 것이다. 공감은 일종의 내기라 할 수 있다. 공감을 통해서 개체는 무리와 의사소통을 하며, 그럼으로써 무리는 스스로 조직된다. 마지막으로 거울화가 있다. 개체가 남의 기분과 감정을 느끼고, 어느 정도까지는 체험하는 것이다. 거울화는 남의 성공 전략을 모방하는 쪽으로 쉽게 이어진다. 또 그것은 동정 그리고 적어도 인간에게서는 자비심이라는 소중한 품성으로 향하는 길의 일부이기도 하며, 적어도 인간에게서 공감과 거울화의 수준은 무리의 구성원들끼리 상호 작용을 하는 평균 시간에 대응해 진화한 것이 분명하다.”[2]

윌슨이 말한 거울화mirroring야말로 오늘날 고등동물의 정점에 오른 인간의 오랜 진화 과정 속에 구체화된 특성이다. 거울화가 가능했기 때문에 약육강식의 패러다임이 지배하는 자연에서 인간은 호혜성reciprocity과 동료애를 바탕으로 한 문명을 건설할 수 있었다. 미국의 인류학자 마가렛 미드Margaret Mead는 대학교 강연 도중 한 학생으로부터 개인적으로 인류 문명이 시

---

2 에드워드 윌슨, 이한음 역, 창의성의 기원: 인간을 인간이게 하는 것(서울: 사이언스북스, 2020), p.30

작된 첫 번째 조짐이 무엇이라고 생각하느냐는 질문을 받았다. 미드는 조금도 망설임 없이 이렇게 답했다. "부러졌다가 다시 붙은 인간의 대퇴골이 고대 문명의 첫 번째 징후일 겁니다." 당시 강당에 모인 학생들은 그녀의 답에 어리둥절했다. 토기나 석기, 집터 같은 유물들도 아니고 고작 부러진 뼛조각이라니…. 한 학생이 총대를 메고 되물었다. "잘 이해가 되지 않습니다. 교수님, 좀 더 설명해 주시겠습니까?" 미드는 주변을 빙 둘러보았다. 그녀 역시 자신의 답변에 적잖게 놀란 청중들의 술렁임을 느꼈다. 미드는 그 질문에 다음과 같이 설명을 달았다.

"동물의 왕국에서 대퇴골이 부러진 동물은 며칠 안 가서 죽습니다. 다리를 다친 동물은 위험으로부터 달아날 수도, 포식자의 공격에 대항할 수도, 마실 물을 얻고자 강가로 기어갈 수도, 목숨을 부지하기 위해 먹이를 사냥할 수도 없습니다. 당신이 짐승이라면, 다리를 다친 순간, 먹이를 찾아 헤매는 들짐승들에게 한갓 고깃덩이에 불과합니다. 자연계에서는 부러진 다리뼈가 붙을 때까지 오랫동안 살아남는 동물은 없으니까요." 미드는 자신이 왜 부러진 뼈에서 문명의 씨앗을 보았는지 천천히 그 이유를 설명했다. "그런데 부러졌다가 다시 붙은 대퇴골은 누군가 넘어져 다친 당신 옆에 머무르면서 상처를 싸매고 다친 당신을 안전한 곳으로 옮겨주고 당신이 회복될 때까지 음식을 날라주며 극진히 보살펴주었다는 증거가 됩니다. 곤경에 빠진 다른 누군가를 돕는 행위야말로 문명의 시작을 알리는 중요한 시점이 됩니다. 우리가 타인들을 도울 때 최선의 상태, 즉 문명화되었다고 말할 수 있는 이유입니다."[3]

그녀의 설명에 좌중은 갑자기 숙연해졌다. 문명의 시작점을 물질에서 찾지 않고 이타심이라는 감정에서 찾았던 한 인류학자의 관점은 그 곳에 모인 많은 사람들에게 마음속 깊은 울림을 주었다. 이타심의 문화는 오로지 거울화가 가능한 고등동물에게서만 발견될 수 있다. 상대를 모방하고 흉내 내는 거울화야말로 동정과 공감의 근거가 되기 때문이다. 이번 장에서는 인간을 비롯한 고등동물이 가진 모방의 습관에 대해 이야기할까 한다.

모방의 원리 ― 거울 뉴런의 비밀

오랜 세월을 같이 지내온 부부는 서로 닮는다고 한다. 정말 사실일까? 과학적 근거가 있다. 거울 효과에 따르면, 오랜 기간 같이 사는 동안 서로의 표정을 무의식적으로 흉내 내다보니 얼

---

[3] Ira Byock, *The Best Care Possible: A Physician's Quest to Transform Care Through the End of Life*(Avery, 2013)

굴 근육이 서로 비슷해졌기 때문이다.

거울 효과는 원시 자연 속에서 인류의 조상이 다른 존재를 맞닥뜨렸을 때 그가 적인지 친구인지 재빨리 판단해야 했던 숱한 선택의 순간으로부터 나온 진화의 산물이다. 약육강식의 정글의 법칙이 지배하는 곳에서는 줄행랑을 쳐야 할지 아니면 나에게 우호적인 상대인 것을 간파하고 평화의 제스처를 보내야하는지 등과 같은 신속한 판단이 생존을 좌우한다. 제때 판단을 내리지 못하고 뭉그적거리거나 도리어 친구나 먹잇감으로 오인했던 조상들은 포식자의 먹이가 될 가능성이 높았다. 오늘날 우리들은 이러한 포식자를 피해 요리조리 잘 달아났던 눈치 빠른 조상들의 유전자를 물려받았다. 그러므로 다행히 우리 모두는 본능적으로 상대방의 의도를 정확히 판단하고 대처하는 감각, 즉 공감 능력을 보유하고 있다.

공감 능력과 관련된 것이 바로 뇌의 거울 뉴런mirror neuron이다. 이것은 개체가 특정한 움직임을 수행할 때나 다른 개체의 움직임을 관찰할 때 활성화되는 신경세포다. 다른 개체의 행동을 거울을 들여다보듯 그대로 따라 하기 때문에 거울 뉴런이라는 이름이 붙었다. 사회학자들이 사용하는 '존스 씨네 따라 하기keeping up with the Joneses'란 용어가 있다. 옆집에 사는 존스 씨네('김 씨네'라고 해도 좋을 것이다) 거실에 새로운 탁자를 들여놓으면 그 주변 동네 사람들이 모두 가정에 같은 탁자를 들여놓고,

존스 씨네가 차고에 최신형 SUV를 떡하니 들여놓으면 역시 모든 가정이 SUV를 산다는 얘기다.

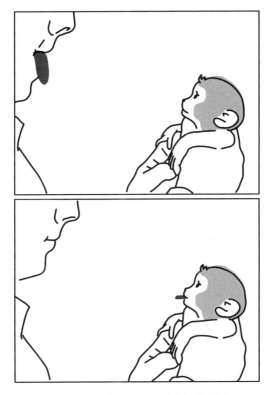

거울 뉴런은 유인원이나 고등동물에게서도 발견된다.

거울 뉴런은 인간뿐만 아니라 다른 고등동물에게서도 관찰된다. 예컨대, 짧은꼬리원숭이의 거울 신경세포가 그 원숭이가 직접 종잇조각을 찢을 때와 사람이 종이 찢는 걸 그 원숭이가 볼 때, 그리고 종이를 찢는 모습은 보이지 않지만 종이 찢는 소리만 들렸을 때 모두 동일하게 활성화되는 것이 확인되었다. 이러한 특성 때문에 학자들은 어떤 행위를 직접 하든지, 아니면 다른 동물이 그 행위를 하든지 거울 뉴런이 '종이 찢기'와 같은 추상적인 개념을 암호화(인코딩)하는 것으로 믿고 있다. 즉 직접 특정한 행동을 하지 않더라도 그 행위에 대해서 뇌는 이미 상상을 한다는 것이다. 연구자가 원숭이를 바라보고 혀를 낼름 하면 원숭이도 바로 혀를 내미는 동작을 보이는 것도 이로 인한 것이다.

사람도 마찬가지로 거울 뉴런이 있어서 타인이 특정 행위를 할 때 마치 자기가 직접 하는 것처럼 같은 뇌영역이 활성화된다. 상대방의 감정을 이해하려 할 때 인간은 상대방의 표정을 먼저 흉내 낸다. 상대의 고통이 나의 고통인 것처럼 양미간을 찌푸린다. 이 행위는 의식적으로 하는 것이 아니며 나도 모르는 사이에 무의식적으로 일어나는 것이다. 이를 통해 상대방의 감정을 나의 감정에 투사시킴으로써 상대의 감정을 느끼고 공감하게 된다. 즉 감정의 이입이 가능한 것이다. 이러한 거울 뉴런은 타인의 행위를 보고 그대로 따라 함으로써 타인의 의도나 행동의 목적을 좀 더 잘 이해할 수 있게 만들어주고 언어능력과 공감 능력을 길러준다. 현재로써는 거울 뉴런의 활성화가 원인인지 결과인지 그 전후 관계는 알 수 없지만, 거울 뉴런 때문에 뇌는 나와 타인의 몸을 헷갈려 하기도 한다. 거울 뉴런이 있다고 알려진 전운동피질premotor cortex 영역의 신경세포들은 내가 직접 특정 동작을 취할 때, 그리고 그 동작을 타인이 하는 걸 볼 때, 심지어는 그 동작을 준비하거나 상상할 때조차도 동일하게 활성화된다는 것이 연구를 통해 밝혀졌다. 골프선수가 티샷을 준비할 때 동일한 예비동작을 반복하거나, 권투선수가 상대방을 가상으로 놓고 섀도우 복싱을 연습하는 것 모두 이러한 전운동피질 영역을 자극하는 행동이다.

타인의 감정을 공감할 때에도 비슷한 일이 일어난다. 전측섬anterior insula 영역과 전측대상회anterior cingulate cortex의 활동은

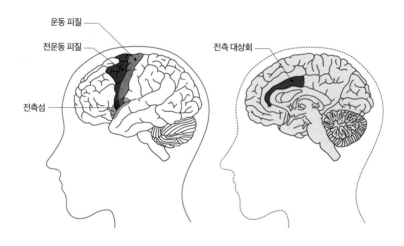

뇌에서 거울 뉴런을 담당하는 부위
전측섬이란 섬 영역 중에서도 얼굴쪽 부분을 뜻한다.

고통을 느끼는 감정적 측면과 관련되어 있다. 이들 영역은 다른 사람이 고통 받는 표정을 보거나 아파하는 영상을 볼 때, 내가 아픈 것 같은 반응을 일으킨다. 이 때문에 타인의 감정을 내 것처럼 느낄 때뿐 아니라 내 감정을 타인의 감정처럼 느끼기도 한다. fMRI나 경두개자기자극술, 뇌전도 등과 같은 장치를 통해서 인간의 뇌파를 측정해보면, 개인이 특정 행동을 하거나 다른 사람의 행동을 관찰하는 동안에는 전두부 대뇌피질 아래쪽과 두정부 대뇌피질 아래쪽이 활성화된다는 사실을 알 수 있다. 이 영역은 앞서 종이 찢기 실험에서 짧은꼬리원숭이의 활성화된 뇌영역과 상당히 유사한 영역이라는 게 밝혀졌다. 이를 통해 우리가 알 수 있는 건 인간과 원숭이의 거울 뉴런이 개별적으로 존재한다기보다는 여러 신경세포들이 다발로 모여 일종의 거울 뉴런 시스템mirror neuron system을 이루고 있다는 사실이다. 이 영역은 아직 연구단계에 있어서 더 많은 사실들이 밝혀져야 하겠지만, 모방과 사회적 학습, 그리고 문화 전파라는 거대한 맥락에서 귀중한 설명의 단초를 제공하는 건 분명하다.

이야기가 살짝 옆으로 벗어나, 거울 뉴런과는 다르지만 모방의 또 다른 메커니즘으로는 밈meme이 있다. 이 밈이라는 용어는 영국 옥스퍼드대학의 분자생물학자인 리처드 도킨스Richard Dawkins가 그의 도발적인 저서 『이기적 유전자』에서 처음으로 사용했다. 밈은 유전자와는 완전히 독립적으로 진화할 수 있는 복제자로서 진화의 필수 요소인 돌연변이와 자연선택의 조건을 만족시킨다. 밈은 사회적으로 습득된 행위로 모방과 반복으로 이뤄진 코드인 셈이다. 거울 뉴런이 생물학적 유전자라면, 밈은 이를 통해 만들어진 문화적 유전자라 할 수 있다. 같은 공동체를 이루는 구성원들은 공유된 밈을 전수하고 활용함으로써 비로소 공통된 문화를 만들어낸다. 이런 밈을 두고 영국의 작가 수잔 블랙모어Susan Blackmore는 인간이 자연계에서 만물의 영장으로 진화할 수 있도록 만들어준 위대한 기제라고 말했다. 그녀는 모방을 즐겨하는 인간을 '밈 머신meme machine'이라고 불렀다. 구성원 간의 생각과 신념, 가치관이 거울 뉴런을 통해 밈으로 전수되고 뇌에서 뇌로 전달되는 과정은 문명의 발상지에서 시작되었으며, 한 개인의 요람에서 무덤까지 줄기차게 계속되는 메커니즘이다.

그러면 기업과 같은 조직 내에서 이러한 거울 효과가 어떻게 작동하는지, 그리고 이로 인한 영향은 무엇인지 알아보자.

• 밈 •

1976년, 리처드 도킨스의 저서 『이기적 유전자』에서 문화의 진화를 설명할 때 처음 등장한 용어로 한 사람이나 집단에게서 다른 집단으로 생각이 전달될 때 모방 가능한 사회적 단위를 총칭한다. 밈도 유전자처럼 자연선택의 대상이 된다는 점에서 진화의 중요한 한 축을 담당한다.

긍정적인 거울 뉴런이 발휘되어야 할 상황

당연한 이야기지만, 관리자의 표정이 활기차고 밝으면 직원들의 표정도 대부분 밝고 활기차다. 물론 개중에는 침울한 표정을 짓고 있는 사람도 존재하지만. 이것을 거울이론으로 설명하자면 구성원들이 가진 거울 뉴런들이 관리자의 표정을 모방하기 때문이다. 비약이 너무 심한가? 옆에 있는 동료가 신나게 일하는 모습을 보면, 거울 뉴런은 자연스럽게 그의 활기차고 자유로운 표정과 행동들을 모방하고 싶어진다. 그리고 이 분위기가 금세 사무실 전체로 퍼져 모두의 사기를 올리고 업무 효율성도 배가시킨다. 반대로 관리자의 표정이 강압적이고 어둡다면 순식간에 직원들의 표정도 웃음기가 없어진다. 이 또한 서로 모방하여 부정적인 표정들이 조직 전체로 확산된다. 어둡고 짜증스러운 얼굴을 하고 있는 주위 동료들 틈에서 밝고 활기찬 표정을 유지할 수 있는 강한 멘탈을 가지고 있는 직원은 드물다.

밝고 활기찬 조직의 분위기를 어떻게 만들 수 있을까? 아무리 타고난 성격이 어둡고 신경질적인 관리자라 하더라고, 이런 분위기를 좋아할 리 없다. 조직의 분위기를 어떤 방향으로 이끌어 갈지에 대해서는 경영진을 비롯한 관리자의 역할과 영향이 크다. 성과가 뛰어난 팀을 이끌고 있는 팀장은 유머 감각이 뛰어나다. 최고의 성과를 내는 관리자는 중간 정도의 성과를 내는 관리자보다 세 배 더 자주 팀원들로부터 웃음을 끌어낸다는 연구 결과가 있다. 활기차고 자유로운 분위기에서는 구성원들이 정보를 좀 더 자유롭고 효율적으로 주고받으며 민첩하고 독창적으로 반응을 한다. 긍정적인 분위기는 성과를 올리는 신경세포를 활성화시키고, 배우고자 하는 의지를 올림과 동시에 실제로 배우는 능력을 높인다는 연구결과가 있다. 좋은 멘토나 닮고 싶은 상사와 같이 일을 하게 되면 평소 그들의 효과적이고 본받을만한 행위를 반복적으로 보고 듣고 체험할 수 있다. 본인이 의식적으로 그러한 행위를 하지 않더라도 거울 뉴런을 통해 시뮬레이션을 반복함으로 유사한 신경세포 연결망을 발전시킨다. 이렇게 획득한 좋은 습관이 고착화되면 제2의 천성이 된다. 설사 고착화되지 않더라도 나중에 참고할 수 있는 좋은 규범이나 본보기가 된다. 세월이 지난 후 '아! 그때 그분은 이렇게 하셨지.'라고 회상하며 적용하는 것이다.

반면 독단적이고 억압적인 상사와 일하는 경우를 떠올려 보자. 그들이 매번 보고 듣는 것을 형용사로 표현하자면, '철저한' 일처리, '과제 우선적' 사고, '비개성적' 대우, '가혹한' 완벽주의 성향, '전투적' 어투, 그리고 팀원들을 계속 '극단으로 몰아붙이는' 목표 설정 등이 있다. 벌써 말만 들어도 숨이 막힌다. 이러한 성향으로 직원들을 몰아붙이거나 부적절한 표현 방법으로 비난을 하고 거친 분노를 드러낸다. 필자는 한 CEO가 자신이 거느리는 모든 직원들에게 박정희 리더십과 정주영 회고록을 나눠주고 독후감을 쓰게 했다는 이야기를 들은 적이 있다. 멸사봉공의 리더십, 선공후사의 정신으로 똘똘 뭉치자고 한 시간 이상 정훈을 설파했다는 이야기를 자랑삼아 늘어놓는 것을 듣고 아찔했다. '지금 시대가 어떤 시대인데.'

상사로부터 경멸적이고 혐오적인 말을 들은 직원은 스트레스 수치가 급격히 올라가고 스트레스 호르몬이 뇌에서 과다 분비될 수밖에 없다. 심장은 코르티솔과 아드레날린을 펌프질하여 혈관을 통해 전신에 뿌려대고 심박수는 분당 30~40회 이상 증가하면서 쿵쾅쿵쾅 사정없이 뛴다. 뇌는 그야말로 초긴장 상태에 돌입하고, 일에 집중하기보다는 어떻게 하면 이 불편하고 위협적인 상황에서 벗어날 수 있을까에 모든 역량을 집중한다. 평소 그렇게 잘만 발휘되던 순발력, 기억력, 기획력, 아이디어는 어느새 여름 마당에 타작하는 겨처럼 사라져 버린다.

더 우려가 되는 것은 이런 분위기가 빠르게 조직 전체로 퍼진다는 점이다. 몰아붙이고 질책하는 상사의 표정과 행동은 직원들의 거울 뉴런이 금세 알아차린다. 적대적인 분위기는 시멘트처럼 단단히 굳어져 웬만한 동기부여나 인센티브로도 사라지지 않는다. 반복된 부정적인 사고방식은 직원들을 자극에 더욱 무디게 만든다. '오늘 또 사모님한테 한 소리 들으셨나?' '에

휴, 또 시작이군. 지긋지긋한 잔소리.' 직원들은 상사의 지적질을 하나의 통과의례로 여기기 시작한다. 자연스럽게 한두 마디로 통하던 이야기는 시간이 갈수록 더 극단적이고 강압적인 표현이 입혀져야 직원들에게 전달된다. 인지하지 못하는 사이에 부정적이고 긴장된 분위기가 부서 전체에 영향을 미치고, 직원들은 새로운 성과를 내기보다 현재 하는 일이나 실수 없이 진행하는 것에 급급해한다. 스트레스와 공포 분위기가 악순환을 만든 것이다. 윽박지르는 상사가 만든 경직된 조직은 팀 사기를 금세 와해시키고, 직원들은 다른 대안을 찾기 시작한다.

거울 효과는 코치를 받는 직원(멘티)들에게 이득일 뿐만 아니라, 코치를 하는 관리자(멘토)에게도 많은 도움이 된다. 직원을 통해서 새롭고 남다른 시각, 독창적인 아이디어를 얻을 수 있을 뿐 아니라, 본인의 습관화된 행동이나 생각을 직원의 관점에서 바라볼 수 있기 때문이다. 거울 뉴런은 양면 거울처럼 서로가 서로를 비추어 닮아가도록 만들기 때문이다. 교학상장 敎學相長이나 줄탁동시 啐啄同時라는 말이 괜히 생겨난 게 아니다. 남을 가르치면서 내가 더 배우는 법이다. 진정한 성장은 서로를 스승으로 삼고 거울 뉴런을 활용할 때 일어난다. 마치 나는 이미 다 알고 있다, 내가 알고 있는 지식, 내가 겪은 경험이 최고인 양 후배 직원들에게 '라떼'를 남발하는 관리자에게는 발전은 있을 수 없다.

최근에 영국의 유전학자인 콘라드 워딩턴Conrad H. Waddington
이 후천적으로 습득된 행위도 유전될 수 있다는 획기적인 주장
을 내놓았다. 후성유전학epigenetics이라 불리는 이 이론은 이른
바 '획득 형질은 유전되지 않는다.'라는 그간의 가설에 정면으
로 도전장을 내미는 것이었다. 프로야구 투수가 160킬로미터
의 빠른 볼을 던지기 위해 수년간 열심히 어깨와 팔 근육을 단
련했다고 해보자. 결국 그는 메이저리그에서 활약하는 정상급
투수가 되었고 명예의 전당에도 헌액되었다. 그렇다고 해서 그
의 아들이 그와 똑같이 빠른 볼을 던질 수 있는 어깨를 물려받
을 수는 없다. 아버지 대에 획득한 특성은 유전적으로 자녀에
게 물려지지 않기 때문이다. 하지만 워딩턴은 이런 기존의 믿
음과는 다른 주장을 한 것이다. 그에 의하면, 유전적 형질의 변
화가 더 이상 수만 년의 기나긴 진화적 시간에만 달려있는 게
아니라, 후천적으로 획득한 형질이 다음 세대로도 전달될 수

• 후성유전학 •

DNA의 염기서열이 변화하지 않는 상태에서 유전자 발현을 조절하여 목적하
는 유전체를 얻는 학문이다. 워딩턴에 의해 처음으로 개념이 만들어졌고, 이
론적 구축은 칼 에른스트 폰 배어(Karl Ernst von Baer)에 의해, 대중화는 에른
스트 헤켈(Ernst Haeckel)에 의해 이루어졌다. 최근에는 암 치료와 관련된 연
구가 활발히 이루어지고 있다.

있다는 것이다.

후성유전학이 주장하는 바에 따르면, 유전자 변이가 당장 다음 세대에서도 관찰될 수 있다고 한다. 인간의 세포들은 자신의 유전적 암호를 특정 임무에 필요한 단백질로 전환하는 장치를 가지고 있는데, 이를 후성유전적 조절epigenetic regulation이라고 한다. 예를 들면 같은 세포라도 소화기관인 위 세포는 소화기 환경과 기능에 맞게 행동하도록 하는 유전적 암호를 갖고 있고, 시각기관인 안구 세포 역시 그 환경과 기능에 맞게 움직이도록 하는 암호를 가지고 있다. 같은 세포라 하더라도, 어떤 부위에서 어떤 역할을 하느냐에 따라 전혀 다른 세포적 발현을 하는 것이다. 부모 세대에서 자녀 세대로 유전자 정보를 물려줄 때, 아버지의 DNA를 50퍼센트, 어머니의 DNA를 나머지 50퍼센트로 정확히 복제하여 넘겨준다. 이 DNA 복제 과정에서 오류가 발생할 수도 있는데, 그 가능성은 극히 낮으므로 다음 세대로 DNA정보가 그대로 정확히 전달된다고 할 수 있다. 호모 사피엔스가 이 지구상에 출현한 지 약 20만 년이 된다고 가정하고, 한 세대를 20년으로 해서 계산하면 고작 만 번의 DNA 복사가 이루어졌을 뿐이다. DNA 복사의 오류를 통한 변이를 기대하기에는 너무나 짧은 시간이다.

이를 증명하는 미국 에모리대학교의 정신의학자이자 행동과학자인 케리 레슬러Kerry Ressler 교수의 유명한 생쥐 실험을 보

자. 생쥐 한 마리에게 좋아하는 체리향(아세토페논)을 맡게 해주면서 동시에 전기 충격을 가한다. 실험 초반에 생쥐는 이러한 불쾌한 충격에도 불구하고 여전히 좋아하는 체리향을 맡기 위해서 코를 킁킁거리면서 주위를 돌아다닌다. 이런 일련의 과정 동안, 생쥐의 뇌 영역 중 보상과 관련되어 있는 측좌핵 부분이 활성화되는 것이 관찰되었다. 하지만 체리향 냄새를 맡게 함과 동시에 반복적으로 전기 충격을 받은 생쥐는 이제 체리향만 맡아도 몸이 얼어붙는다. 달콤한 냄새와 고통스러운 충격을 뇌가 연관지어버린 것이다. 더 놀라운 것은 이러한 불쾌한 경험을 반영하기라도 하는 듯 후각을 처리하는 뇌 영역에서는 새로운 신경가지가 뻗어져 나왔다는 사실이다. 즉 체리향과 불쾌한 전기 충격의 경험이 생쥐의 코와 뇌에 새로운 신경세포 연결을 만들었다는 것이다. 이 실험의 하이라이트는 이 얼어붙는 행동이 그 생쥐의 새끼 그리고 그다음 세대의 새끼에게까지 유전된다는 사실이다. 실험에 사용된 생쥐의 다음 세대 새끼 생쥐들도 체리 냄새를 맡자마자 자동으로 몸이 얼어붙었다. 후천적으로 얻은 기억이 다음 세대에까지 고스란히 전달된 것이다. 대체 어떻게 이런 일이 가능할까? 바로 후성유전적 조절 때문이다. 예를 들어, 공포를 주입하면 실제로 이로 인해 유전자의 변화가 촉발되고 이는 다음 세대로 전수된다는 사실이 밝혀졌다. DNA 암호의 내용이 변화된 것이 아니라 DNA 암호가 생쥐의

몸에서 작동하는 방식에 변화가 온 것이다. 즉 생쥐의 후각 세포에서 체리 냄새의 수용체가 만들어지는 방식, 그리고 이 수용체가 어디서 어느 정도의 양으로 생산되는지 하는 메커니즘이 바뀐 것이다. 이것이 생쥐의 정자 세포에서 발현되어 다음 세대로 전달된다.

이 실험 결과는 과히 혁명적이다. 후천적으로 획득된 기억들이 다음 세대로 유전된다는 사실은 놀라운 일이다. '절대 아버지 같은 사람은 안 되겠다.'라고 맹세한 아들이 결국 그 아비를 쏙 닮아가고, '엄마 같은 인생은 안 살겠다.'라고 집을 뛰쳐나간 딸의 인생도 결국 어머니의 발자취를 밟는 경우가 많은 것도 이 영향이 아닐까?

후성유전학은 후천적으로 획득한 좋은 습관이나 기억들이 다음 세대에도 전달된다는 긍정적인 측면도 있지만, 측좌핵이나 편도체 같은 변연기관들과 연관된 긴장과 공포, 두려움 같은 부정적인 감정들도 다음 세대로 전수될 수 있다는 부정적인 측면도 있다. 한 세대가 가지고 있던 부정적인 습관들과 감정이 이제는 세대를 건너 유전될 수 있다니! 좋은 환경에서 좋은 사람들과 같이 일하는 것이 단지 나만의 행복을 위한 것뿐만 아니라 나의 자녀들에게도 중요하다는 사실이 섬뜩하게 다가온다!

8장

인간에게는 얼마의 노동이 필요한가
―나인 투 파이브와 생산성―

인생을 과도한 노동으로 낭비하지 말라. 존재의 신성한
삶을 살라.

라일라 아키타Lailah Gifty Akita

'나에겐 가족도 휴가도 사치, 30년 동안 새벽 5시에 출근한
자신에게 상주고 싶어.' 말단 직원에서 대기업 CEO의 자리까
지 오른 입지전적인 인물의 인터뷰 기사에 실린 제목이다. '데
뷔 후 지금까지 10년 동안 단 하루도 쉬어본 적 없어.' 이름만
대면 누구나 알 수 있는 어느 남배우의 기사에 버젓이 달린 제
목이다. 암암리에 우리 사회는 이런 기사들로 산업시대가 낳은

성장 위주의 노동 프레임에서 벗어나지 못하는 현대판 노예들을 추켜세운다.

일반 직장인이 아침에 출근하여 저녁에 퇴근할 때까지 우리는 과연 몇 시간 동안 일에 집중할까? 아니 하루 몇 시간 일하는 것이 가장 효율적일까? 노동력이 바로 돈이었던 시절이 있었다. 직원 수, 근로시간과 생산량이 직접적인 상관관계를 이루던 때의 얘기다. 농경 시절로 돌아가 보자. 좀 더 많은 노동력을 가지고 좀 더 많은 시간을 일에 투자하면 분명히 생산량은 늘어난다. 농업은 사람들의 머릿수(생산력)가 생산성에 직결되는 산업이다. 농경시대에서 산업시대로 전환된 이후, 이제 머릿수는 노동시간으로 환원되었다. 생산 관리의 필요성에 따라 일하는 시간을 정확히 계량하고 관리하기 시작했다. 대표적인 인물이 헨리 포드Henry Ford이다. 그는 직원들의 노동시간을 측정하고 통제했다. 이른바 시간경제의 시대가 열린 것이다. 공장에서의 노동시간은 한 직원의 성과를 담보하는 가장 중요한 평가기준이 되었다.

그러나 그 이후 3차 산업혁명의 단계를 거치고 4차 산업혁명의 단계에 진입함으로써 새로운 시대가 열렸다. 전체 산업 규모에서 제조 산업의 비중이 급속히 줄고, 생산 라인도 사람이 아닌 자동화 기계가 대신하면서 절대적 노동시간의 중요성은 점차 줄어들게 되었다. 정보기술과 엔지니어링, 법률, 컨설팅, 회계 등과 같은 전문 비즈니스 서비스 산업이 도래하며 시간이 돈이었던 산업시대의 패러다임은 무너지고 생산성이 돈이 되는 시대가 되었다. 뛰어난 개인의 한 시간은 다른 사람의 몇 시간과 맞먹는 생산성을 가질 수 있게 되고, 한 사람의 뛰어난 인재가 미래 만 명의 밥줄을 해결하는 원천이 되기도 한다. 이른바 지식 경제의 시대가 도래한 것이다. 하지만 지식경제의 시대에서도 여전히 노동시간은 생산량과 직접적인 연관이 있다. 효율적으로 오랫동안 일을 한다면 당연히 생산량이 늘기 때문이다. 여기서 시간의 절대량도 중요하지만 더 중요한 것은 얼마나 집중적으로 그리고 효율적으로 일하냐는 것이다.

우리나라의 사정은 어떤가? 우리나라는 산업화 이후 제조업의 강국답게 생산 원가를 줄이거나 공장 자동화 및 프로세스 혁신을 통해 생산성을 꾸준히 향상시켜 왔다. 그러나 직접 제조와 관련된 부분, 특히 하드웨어적 측면에서의 개선에 무게를 둔 반면, 소프트웨어적 측면, 즉 직원들의 생산성을 높이기 위한 정책이나 지식경제 시대에 맞는 경영 문화 수립에 있어서는 많이 부족했다. 기껏 한다는 것이 회의실에 모래시계를 배치한다거나, 정해진 시간에 회의 끝내기 캠페인 같은 형식적이고 보여주기식 규정들이 즐비했다. 업무시간에 대한 접근도 지식기반 사업 종사자의 관점에서 들여다보아야 한다. 지식기반 산업을 발전시키는 엔진은 '몸'이 제공하는 육체적인 노동력이 아닌 '뇌'가 제공하는 정신적인 노동력이다. 이제는, 단순 반복, 규격 중시, 현상 유지라는 제조 산업 패러다임에서 혁신, 복잡, 분석, 변화의 지식 패러다임으로 옮겨갈 때다.

업무시간의 스위트 스팟(Sweet Spot)

한때 존 로크는 '모든 부는 노동의 산물이다.'라고 말했다. 노동은 신성한 것이었다. 일하지 않은 자는 먹지도 말라는 말은 농업사회의 기치였다. 대중들은 하늘이 내린 천재성도 노동과 근면함의 가치를 뛰어넘을 수 없다고 믿었다. 그러나 세상이 바뀌었다. 그동안 많은 개선이 있었지만 우리나라 노동시간은 아직도 다른 선진국에 비해서 턱없이 길다. 2018년, 주 52시간 근무제(기본 40시간 근무에 초과 근무 최대 12시간)가 도입되기 전만 하더라도 '칼퇴근'이라는 건 사실상 불가능했다. 야근은 당연한 것이었으며, 심지어 야근을 위해 아예 잔업을 남겨두기도 했다. 아직도 개인적인 용무로 월차나 연차를 쓰기 위해 주위의 눈치를 살피고 있고, 허용된 연차의 채 반도 쓰지 못하는 경우가 허다했다. 심지어 사용하지 않은 연차 일수가 훈장인 듯 자랑스럽게 이야기하는 관리자도 즐비하다.

2018년 기준 통계청 자료치는 이런 대한민국의 현주소를 가감 없이 보여준다. OECD 회원국들의 임금 근로자들의 연간 근로시간을 보면, 대한민국은 1,967시간으로 멕시코(2,347시간), 코스타리카(2,209시간), 칠레(1,999시간), 러시아(1,988시간)에 이어 다섯 번째로 길다. 반면, 독일과 일본, 미국 같은 주요 회원국의 연간 근로시간은 각각 1,305시간, 1,706시간, 1,792시간에 불과하다. 아무튼, 아직도 우리나라의 임금 근로자들의 근로시간은 여전히 길다. 소위 '일벌레'라고 알려진 일본보다도 무려 261시간(32.6일)이나 더 일하는 셈이다. 그럼에도 역설적인 것은 생산성은 근로시간에 비례하지 않는다는 점이다. 우리나라 근로자들의 시간당 생산성은 34달러인데, 이는 다른 OECD 국가들과 비교했을 때 그리 높지 않다. 대한민국 근로자들의 생산성은 36개 회원국들 가운데 29위로 하위권에 속한다. 1위인 아일랜드의 시간당 생산성은 86달러로 우리나라의 그것보다 배가 넘는다. 우리나라와 GDP 규모가 비슷한 캐나다나 스페인 그리고 호주 등과 비교해도 우리가 훨씬 낮다. 스페인의 시간당 생산성은 47.6달러로 우리보다 10달러 이상 높고, 캐나다와 호주도 각기 15달러에서 20달러 가까이 더 높은 것으로 나타났다. 독일의 경우, 연간 근로시간은 1,356시간인데, 시간당 생산성은 60.5달러이다. 독일은 우리나라에 비해 근로자 한 사람당 연간 662시간(83일) 덜 일하고도 11,288달러 더 번다는 뜻이다.

썩 유쾌하지 않는 이런 통계에 대해서 우리는 언제부턴가 남의 나라 이야기인 듯 무감각해진 지 오래다. 문제가 있다는 것을 그동안 인지하고 있지만, 그 심각성을 알고 이를 개선해야겠다는 강한 사회적 의지가 부족했던 것이 사실이다. 비효율적인 생산성으로 긴 시간 동안 일해 생산량을 유지하다 보니 근로자의 삶은 피폐해질 수밖에 없다. 근면과 성실이야말로 국가와 기업을 발전시키는 중요 원동력이며 국민 또는 직원이 반드시 갖추어야 할 필수 덕목이라는 기류가 여전히 우리 사회 저변에 강하게 자리 잡고 있다. 특히 급속한 경제적 성장을 이루면서 겪은 무소불위의 자신감과 온갖 고난 끝에 결국 기적을 이룬 성공 신화에 대한 강한 자부심 그리고 안 되면 되게 하라는 식의 구태한 구호는, 여전히 우리사회 저변에 똬리를 틀고 있다. 그리고 나약한 정신을 탓하고 단속하는 데 사용된다. 이러한 과거의 신화에 도취된 기업과 사회는 생산성 개선에 대한 노력보다는 도리어 과거의 관점과 기준에 묶여 비생산적인 현실을 합리화하고 있다.

사실 생산성 향상을 위한 변화는 가까운 일상에서 시작될 수 있다. 필자는 회사의 업무시간 중에 종종 사무실을 돌아다닌다. 직원들을 감시하기 위한 게 아니다. 이렇게 돌아다니면 직원들의 이야기를 직접 들을 수 있고, 또 공식적으로 알지 못하는 회사 분위기를 직관적으로 느낄 수 있기 때문이다. 각종 피규어들이 어지럽게 늘어져 있는 자리, 사탕이나 초콜릿 등 간식거리가 유난히 많은 자리, 깔끔히 정리된 자리, 책이나 필기류, 케이블들이 정신없이 널브러져 있는 자리 등 다채롭다 못해 어지러울 정도로 직원들의 성향도 제각각이다. 필자는 자연스럽게 사탕도 하나 얻기도 하고 「원피스」의 주인공 피규어도 언급하면서 어슬렁거린다. 모니터 배경 화면에 환하게 웃고 있는 아기사진이나 가족사진을 보는 것도 기쁨이다. 필자가 간혹 이렇게 돌아다니는 것을 직원들이 행여 부담스러워할까 염려도 했지만, 의외로 직원들의 반응은 반대다. 권위 의식 없이 소통한다는 이미지로, 직원들이 경영진에게 더 쉽게 다가갈 수 있어서 좋다는 반응이다.

필자가 이렇게 사무실을 헤집고 다니다 보면 많은 직원이 컴퓨터나 핸드폰을 이용하여 딴짓(?)을 하는 걸 목격할 수 있다. 모니터를 보고 열심히 일하면서도 짬짬이 친구들과 채팅을 하거나 앱 쇼핑을 즐기는 직원들도 있다. 개중에 눈치 빠른 직원은 내가 근처에 가면 컴퓨터 화면창이나 폰 화면을 재빨리 닫고 짐짓 업무만 하는 시늉을 내지만, 그렇지 못한 직원은 고스란히 딴일 하던 것이 들통나기도 한다. 필자 역시 처음에는 이렇게 업무시간에 직원들이 다른 일을 하는 것에 대해 어떻게 조치해야 할지 고민한 적이 있었다. 하지만 아래의 '생산성 프로젝트'의 실험결과가 보여주듯이 정도가 지나치지만 않는다

면 묵인하기로 했다. 그렇게 해도 업무 성과가 좋고 고객 만족
도나 내부 직원의 만족도가 좋은데 굳이 그런 부분까지 문제
삼을 필요가 없다는 결론에 도달한 것이다.

　『생산성 프로젝트』라는 저서로 유명한 크리스 베일리Chris
Bailey는 매주 업무시간의 스위트 스팟에 대한 실험 결과를 이
야기했다.[4] 일주일에 몇 시간 일하는 것이 가장 생산성이 높을
까 하는 것에 대한 해답을 찾기 위해 그는 2013년 대학을 졸업
한 이후 1년간 수많은 논문과 연구 자료를 비롯하여 생산성 전
문가들을 만나 그들이 살아가는 모습을 연구하였다. 특히 그는
직접 자신을 실험 대상으로 삼아 많은 생산성 연구를 진행한
것으로 유명하다. 예를 들어, 일주일에 35시간 명상하기, 일주
일에 90시간 일하기, 열흘 동안 완전히 고립된 상태로 생활하
기, 한 달 동안 생수만 마시고 생활하기 등과 같이 본인이 직접
체험한 것들을 책에 정리했다. 그의 실험 결과에 따르면, 주당
약 35~40시간이 스위트 스팟, 즉 최적의 시간이며 이 이상 근
무하면 생산성이 급격히 떨어지는 것으로 나타났다. 물론 마감
일이 코앞에 다가왔을 때나 중요한 보고서를 써야 하는 경우와
같이 단기적으로 집중하여 초과 근무를 시행하면 생산성을 높

---

4 스위트 스팟: 야구나 테니스에서 공을 가장 정확하고 멀리 날아가게 하는 배트나 라켓 지점
　을 말하는 스포츠 용어였으나, 경제학에서는 생산성이나 매출이 가장 좋은 시간대나 장소를
　의미하는 용어로 쓰인다.

일 수는 있다. 하지만 장기간 이런 방식으로 일하게 되면 생산성은 급격히 떨어진다.

그의 주장에 따르면, 주 60시간씩 8주 동안 근무할 때 처리한 일의 총량은 주 40시간씩 8주 근무했을 때와 동일하다고 한다. 또한 장기적 근무는 단기적 근무에도 생산성을 떨어뜨리는 결과를 초래한다. 한 연구에서는 주 60시간 근무할 때 한 시간 분량의 일을 더 해내기 위해서 두 시간 이상 초과 근무가 필요한 것으로 나타났다. 산술적으로 이해되지 않는 이런 실험 결과에 관리자들은 놀랄 것이다. 우리 뇌는 특정 임계치를 넘어서면 중요하거나 의미 있는 일을 구분하지 못하고 그저 바쁘게 작동하면서 에너지를 소비한다. 지식경제 시대인 오늘날에는 시간의 절대량뿐 아니라 집중력이 중요하기 때문에, 장시간 일할 경우 집중력이 현저하게 떨어져 오히려 생산성이 낮아진다. 생산적이기 위해서는 시간뿐 아니라 집중력과 에너지를 잘 관리해야 한다.

미국 하버드대학의 심리학자인 매튜 킬링스워스Matthew Killingsworth와 대니얼 길버트Daniel Gilbert의 실험은 이 점에서 우리에게 시사해주는 바가 크다. 그들은 사람들이 회사에서 업무시간의 47퍼센트를 소위 백일몽으로 보낸다고 한다. 놀랄만한 수치다! 평균적인 직장인들이 업무시간의 거의 절반을 업무 자체보다는 공상과 몽상으로 보낸다는 말이다. 결국 하루 동안 일하는 시간은 고작해야 4~5시간밖에 되지 않는다는 셈이다. 나인 투 파이브 같이 주야장천 시간만 관리하고 직원들을 닦달한다고 해서 그들이 업무에 집중하는 것도 아니고 그렇지 않을 때보다 생산성이 더 오르는 것도 아니다. 이와 같이 많은 시간을 그저 사적인 생각의 배회로 허비한다. 그렇다고 이 시간이 마냥 무의미하진 않다. 이 시간 동안 인간의 뇌는 업무를 복기하고 작업 기억을 축적하기 때문이다. 막스플랑크 인간인지 및 뇌과학연구소의 조너선 스몰우드Jonathan Smallwood는 실험으로 이를 입증했다. 업무를 해결한 뒤 빈번한 몽상을 즐겼던 직원이 자신이 했던 작업을 더 잘 기억하고 이해한 것으로 드러났다. 하지만 그렇다고 업무시간의 절반을 사적인 생각의 배회로 허비하도록 허용하라는 것은 아니다.

결국 하루 근무시간 동안 직원들이 회사 업무에 최대한 집중해서 정력적으로 일할 수 있게 하는 것이 중요하다는 것이다. 결혼기념일로 당일 저녁식사 장소를 예약해야 하는 직원의 경우를 보자. 출근하기 전 아내로부터 이미 당부를 받은 그 직원의 머릿속에는 회사의 상품판매 계획이나 주간 업무보고서 작성보다도 저녁식사를 위한 레스토랑 예약과 선물 준비가 최우선 순위다. 이렇게 우선순위가 따로 있는데 일이 손에 잡히겠는가? 점심시간이나 오후 6시 퇴근시간까지 기다릴 수 있겠는가? 어린 딸이 중이염에 걸려 빨리 병원에 들러야 하는 워킹맘이라면 평정심을 유지하며 계산기를 두들기고 전출입 통계를 작성하는 일에 집중할 수 있겠는가? 현명한 관리자라면 업무 시간을 보다 유연성 있게 관리할 필요가 있다.

우리가 중점을 두어야 하는 것은 '얼마나 많은 시간을 일하고 있느냐'에 대해 관리할 것이 아니라 '얼마나 성과를 내고 있느냐'를 관리하는 것이다. 일부 경영진에게 다소 전위적前衛的으로 들릴 수도 있겠지만, 성과만 낸다면야 몇 시간을 일하든 어디에서 일하든 무슨 상관이겠는가? 짧은 시간에 집중적으로 일해서 높은 성과를 내는 조직이 회사를 위해서, 그리고 직원의 워라밸을 위해서도 더욱 바람직하지 않을까? 단순 비교는 위험하겠지만, 앞에서 이야기한 것처럼 독일의 근로자는 우리나라 근로자보다 1년에 약 석 달(83일)을 덜 일하고도 더 번다. 무려 석 달 이상 개인이 하고자 하는 일에 더 많은 시간을 보낼 수 있다는 이야기다.

생산성을 높이는 전략은 단지 회사 업무를 더 짧은 시간에 완수하는 것에 그치지 않고 정작 직원 개인에게 중요하고 의미 있는 일을 할 시간을 좀 더 확보하기 위한 것이다. 열심히 집중적으로 단시간에 업무를 마치고 남는 시간을 낭비한다면 아무 의미가 없다.

하루 업무를 마치고 시간과 에너지가 고갈되어 있는 사람과 재충전할 시간과 에너지가 있는 사람 중 누가 더 경쟁력을 갖추고 정신적으로 행복하게 살까? 독일의 근로자들은 잉여치석 달을 그냥 보내지는 않을 것이다. 각자가 추구하는 중요한 일에 시간을 할애할 것이다. 이것이 진정한 워라밸이 아닐까?

사실 일과 개인생활은 완전히 시간적으로나 내용적으로 분리되지 않는다. 특히 장소, 시간에 구애를 받지 않고 개인용 컴퓨터, 모바일폰 등을 통해서 업무가 가능해지면서 그 경계가 더욱 모호해졌다. 구분하는 것조차 의미가 없어졌다. 중요한 것은 일과 개인생활이 서로 선순환적인 역할을 해야 한다. 생산적으로 업무에 집중함으로써 성과를 내고 절약한 시간으로 재충전하고 의미 있는 일에 시간을 재투자함으로써 개인의 역량을 높인다. 이것이 결국 기업의 역량 강화로 선순환된다. 기업의 역량은 개인역량의 집합체이지 않는가?

생산성에 대해 뇌가 말하는 것

생산성 문제를 뇌신경 네트워크의 관점에서 생각해 보자. 우리는 앞에서 신경 네트워크 중에서 태만 네트워크와 통제 네트워크에 대해서 알아본 바 있다. 태만 네트워크는 외부에서 들어오는 새로운 정보를 처리하기보다는 기존에 가지고 있는 정보들을 분석하고 정리하는 데 많은 시간을 사용하며 현실성보다는 초월성의 성향을 띤다고 했다. 즉 지금 여기, 그리고 내가 아닌 과거 혹은 미래, 다른 장소에서 다른 사람의 입장이 되어 보는 사고가 가능하다. 이런 초월성이 작동할 때는 외부의 자극이나 환경으로부터 스스로를 분리시켜서 창조적인 생각과 혁신적인 사고를 발휘하게 된다. 물론 개중에는 현실과 너무나 동떨어진 비현실적인 몽상에 빠지기도 하지만 말이다. 이 태만 네트워크와 대척점에 있는 것이 통제 네트워크다. 현실에 직면한 문제를 해결하기 위해 통제 네트워크가 발동할수록 태만 네트워크의 활성화는 뒤로 미뤄진다. 통제 네트워크가 작동할 때에는 현실을 뛰어넘는 초월성이 발휘되기 어렵다. 창의적이고 독창적인 아이디어나 그러한 창발적 사고를 하는 직원을 원한다면, 좀 더 많은 시간을 태만 네트워크가 활성화될 수 있는 환경을 조성해야 한다.

"유레카!"라고 외친 그리스의 수학자이자 물리학자인 아르키메데스의 경우를 보자. 금관이 순금인지 잡스런 불순물이 섞였는지 알 수 있는 방법을 생각해낸 곳은 정작 머리를 싸매고 골머리를 앓던 자신의 연구실이 아니라 지친 심신의 피로를 풀기 위해 잠시 들렀던 목욕탕이었다. 물론 이 유명한 일화가 역사적 사실이 아닌 허구일 수도 있다. 하지만 번뜩이는 아이디어가 전혀 예상치 못한 장소에서 의외로 잘 떠오른다는 사실을 보여주는 아주 좋은 사례다. 대표적인 지식노동자인 교수들이

7년마다 얻는 안식년 제도도 새로운 학문 연구를 위해서는 현실로부터 분리되는 시간이 절대적으로 필요하다는 사실을 선험적으로 알고 있었기 때문이 아닌가 한다.

직원들의 생산성 향상에 목말라 하는 글로벌 기업들도 직원들을 시간이나 장소의 틀 안에 가두어서 관리하기보다는 현재의 업무에서 분리하는 시간을 제도화함으로써 직원들의 창의성을 북돋우고 혁신적인 조직 문화를 기르고자 노력하고 있다. 세계적인 기업 구글의 20퍼센트 시간 정책Time Policy, 마케팅 기업인 매독 더글라스의 연간 100~200시간 정책, 컨설팅 기업인 브라이트하우스의 당신의 날Your Days, 그리고 대표적인 소셜네트워크서비스기업인 트위터의 핵 위크Hack Week, 물류기업인 아틀란시안의 쉽잇 데이즈Shipit Days 등이 좋은 예다. 그중에서 구글의 사례를 들여다보자. 2004년, 구글의 공동창업자인 래리 페이지와 세르게이 브린은 「IPO 레터」에서 '직원들이 일상적인 업무 이외의 20퍼센트의 시간을 구글을 위해 가장 이득이 되는 것이 무엇인가를 고민하는데 쓰도록 하겠다. 이 정책은 직원들을 좀 더 창조적이고 혁신적으로 되는 데 도움을 주고자 하는 것이다.'라고 공시했다. 그 결과 당시 구글 연매출의 25퍼센트를 차지하는 애드센스를 비롯해서 지메일, 구글 트랜짓, 구글 토크, 구글 뉴스 등 대표적인 서비스들이 20퍼센트 시간 정책 덕분에 탄생하게 된다. 이후 페이스북이나 링크드인 그리고 애플과 같은 글로벌 거대 IT기업들도 이에 영향을 받아서 그들 나름의 시간 정책들을 가지게 된다.

그러나 이런 혁신을 계획하는 것만큼 중요한 것은 지속가능한 정책으로 유지발전 시키는 것이다. 하나의 정책이 회사 내에서 지속할 수 있으려면 최고 경영진 차원의 전폭적인 지원과 노력이 필요하다. 구글의 시간 정책도 2013년에 들어서는 실질적으로 작동되지 않는 것으로 알려졌다. 이때를 기점으로 구글의 조직은 필요 이상으로 비대해지고 복잡해졌다. 그 결과 직원이 개인적으로 20퍼센트 시간 정책을 신청하려면 매니저의 승인을 별도로 거쳐야 하는 등 복잡한 중간 절차들이 생겨났다. 당연히 조직은 급속도로 경직되고 초기보다 눈에 띄게 혁신의 탄력을 잃어갔다. 게다가 본사가 자체 개발한 분석 프로그램을 이용하여 직원과 팀의 생산성을 측정하자 직원들은 개인 프로젝트는 고사하고 일상 업무 수행도 버거워하는 지경에 이르게 되었다. 매니저들 역시 팀의 생산성을 높이는 데 집중하다 보니 당장 이렇다 할 성과가 나오지 않거나 직접적으로 관련이 없는 개인적인 프로젝트에 시간을 허비하는 것에 난색을 표하기 시작했다. 상황이 지속되자 직원들 사이에서는 자조적인 의미로 '20퍼센트 시간'이 아니라 '120퍼센트 시간'이라는 말이 돌기 시작했다. 주어진 업무에 100퍼센트 시간을 할애하고 거기에 개인 프로젝트를 위한 20퍼센트의 시간을 추가로 써야 하는 부당한 현실을 비꼽는 말이다.

물론 이 정책이 그간 구글 내에서 두드러진 혁신을 이뤄왔던 사실을 감안하면, 이는 정책 자체의 문제라기보다 그 정책에 대한 회사의 태도와 정책을 운용하는 방식의 문제로 봐야 할 것이다. 안타까운 현실은 조직의 규모가 커짐에 따라 관리의 필요성이 강화되면서 직원들을 관리하는 새로운 시스템들이 생겨난다는 것이다. 구글도 예외는 아니다. 몸집이 불어나고 직원이 늘어나면서 조직 관리가 필요해지고 전에 없던 각종 평가 기준KPI이 등장한다. 이러한 평가 기준에 따라 관리를 하니 직원들의 뇌에는 태만 네트워크보다는 통제 네트워크가 활성화될 수밖에 없다. 당연히 직원들은 도전적이고 모험을 감행하려는 적극적 자세보다는 방어적이고 현실을 유지하려는 수동적 자세로 바뀌게 된다. 이런 조직에서는 더 이상 시장에서의 경쟁 우위나 혁신적인 아이디어를 기대하기는 어렵다.

구글은 지금도 혁신적인 아이디어 창출을 위해 직원들에게 시간 정책을 독려하고 있다. 20퍼센트 개인 시간을 주고 현 업무에서 물리적으로 분리시키는 혁신연구소를 운영하고 있다. 하지만 시간 정책의 지원을 받는다 하더라도, 분리된 공간에서 그동안 처리하지 못한 이메일이나 밀린 업무를 처리하고 있다면 무슨 소용이 있겠는가? 진정한 20퍼센트의 시간이 기발한 아이디어의 단초들을 끄집어내는 데 사용되지 않고 그저 진행

중인 프로젝트들에 대한 뒤치다꺼리를 하는 데 쓰인다면, 시공간적으로 현실 업무에서 벗어났다고 하지만 실질적으로 일상 업무로부터 해방되었다고 말할 수 없게 된다. 재충전을 위해 휴가를 떠났는데, 계속 업무 이메일이 날아오고 SNS를 확인해야 한다면 과연 태만 네트워크를 쓸 수 있겠는가? 뇌과학에서도 강조하고 있고 글로벌 기업의 경험에서도 증명되었듯이, 혁신적이고 창조적인 아이디어를 위해서는 직원들이 현재 수행하고 있는 과제에서 벗어날 수 있는 실질적인 시공간의 분리가 필요하다.

우리의 현실로 돌아와 보자. 우리나라는 제조업 기반의 조직 문화 DNA가 여전히 강하게 자리 잡고 있다. 나인 투 파이브의 전통이 강해서 여전히 목에 칼이 들어와도 출근 시간은 반드시 지켜야 한다. 또한 업무시간이 넘어서까지 의자에 엉덩이를 붙이고 있는 걸 정언명제이자 지상명령으로 여긴다. 어설프게 탄력 근무제를 도입했다가 직원들이 끝없는 나태함을 보이자 원래대로 돌아갔다는 어느 기업 CEO의 고백을 들은 적이 있다. 근태는 목숨줄과 같다. 상사가 퇴근하지 않았는데 부하 직원이 먼저 대놓고 퇴근각을 재면 큰일 나는 줄 안다. 심지어 임원들조차 주말에 딱히 할 일도 없는데 사무실에 나와 빈둥빈둥 시간을 보낸다. 직원들은 임원들이 나오니 '나 성실하오.'라는 걸 보여주기라도 하듯 너도나도 눈도장(?) 찍으러 출근한다. 이처럼 참으로 고리짝 같은 일들이 아직도 21세기 대한민국 한복판에서 벌어지고 있다. 출근 시간에 1분이라도 늦으면 마치 죄인취급하는 분위기에서 무슨 혁신적인 아이디어가 나오겠는가? 아직도 직원의 시간 관리를 옛날의 생산 공장 작업자처럼 관리한다면 그 기업은 직원들의 창의성을 아예 포기한 것이나 다름없다. 오늘날 혁신적이고 창의적인 우수 인재들은 더 이상 숨막히게 시간을 통제하는 조직에서는 일하려 하지 않는다. 명심하라. 21세기 4차 산업혁명 시대에는 직원들의 태만 네트워크를 자주 켜는 회사가 살아남는다.

9장

최적의 스트레스를 느끼는 법
—뇌과학으로 본 스트레스—

스트레스와 불행은 처한 상황에서 오는 것이 아니라
그에 대처하는 방식에서 온다.

브라이언 트레이시Brian Tracy

전쟁은 인간이 경험하는 스트레스의 극대치를 보여준다. 이
런 이유로 전쟁은 의학, 정신학, 심리학 분야 등에 커다란 족적
을 남겼다. 오늘날 소위 '아이큐 검사'로 널리 알려진 웩슬러성
인지능검사Wechsler Adult Intelligence Scale가 사실 전장戰場에 투입되
는 군인들의 전투 수행 능력을 평가하기 위해 세계대전 때 개
발된 검사에 기반을 두고 있다는 사실을 아는 사람은 그리 많

지 않다.

아미 알파Army Alpha로 알려진 심리검사는 같은 목적으로 1
차 세계대전 당시 미국 심리학회장이었던 로버트 여키스Robert
Mearns Yerkes가 개발했다. 1917년 개발된 그 검사지는 전투 수행
에 필수적인 군인들의 언어능력과 방향감각능력 등을 측정하
는 데 쓰였다. 이전까지는 전투원 간의 의사소통과 지도 판독
을 위한 문자이해력 등 군인이라면 최소한 갖추어야 할 지능을
판별할만한 지능검사가 제대로 만들어지지 않았다. 물론 두 번
의 대전을 겪으며 아미 알파 덕분에 미국 심리학회는 엄청난
양의 데이터를 수집하고 축적할 수 있었고, 전쟁이 끝나자마자
1946년 이를 바탕으로 오늘날 형태의 웩슬러검사를 만들 수 있
었다.

사실 로버트 여키스는 스트레스와 임무 수행능력 사이의 상
관관계에 많은 관심을 가진 학자였다. 당시 유행했던 동물실험
을 통해 스트레스가 특정한 행동을 수행하는 데 어떠한 영향
을 미치는지 연구했고, 이를 바탕으로 그의 첫 번째 저작『춤추
는 쥐』을 저술했다. 전쟁터야말로 스트레스의 영향력을 제대
로 확인할 수 있는 거대한 실험장이었으니, 생각해 보면 아미
알파 테스트를 만드는 데 그보다 더 들어맞는 적임자는 없었을
것이다. 이 책은 1907년 그가 하버드대학 연구원으로 있을 때
자신의 제자이자 동료였던 존 도슨John Dillingham Dodson과 함께

진행한 연구를 바탕으로 했다. 간단히 말해서, 그의 이론은 스트레스를 통해 각성 수준이 올라가면 덩달아 수행능력도 올라간다는 것이다. 흔히 학자들 사이에서 '여키스-도슨 법칙Yerkes-Dodson law'으로 불린다. 그의 연구는 이후 50년 동안 학계에서 거의 빛을 보지 못했지만, 이후 왓슨이나 셀리예, 럭키의 스트레스 연구에 선구적 역할을 한 것으로 평가받는다. 이번 장은 바로 이 지점부터 이야기를 시작해보고자 한다.

업무에 따라 스트레스도 달라진다?

여키스-도슨 법칙은 스트레스와 성과 간의 경험적 관계를 보여주는 대표적 실험으로 꼽힌다. 일본 쥐를 대상으로 한 연구에서 여키스와 도슨은 각성 수준이 올라가면 수행능력도 함께 반등한다는 사실을 발견했다. 즉 정신을 차리고 집중할수록 일의 성과도 올라간다는 것이다. 그러나 여기에는 일정한 변수가 존재했다. 즉 과제의 종류에 따라 수행능력의 차이가 발생한다는 것이다. 단순한 과업이 주어졌을 때 스트레스 수치, 즉 각성도를 계속 높이면 성과가 최고치로 올라가지만, 어려운 과업이 주어졌을 때는 성과가 어느 정도 올라가다가 시간이 지날수록 점차 떨어졌다. 그와 함께 수행능력도 현저히 저하되는

양상을 보여주었다. 일의 난이도가 다른 퍼포먼스를 보여주는
셈이다. 이를 도표로 나타내면 다음과 같다.

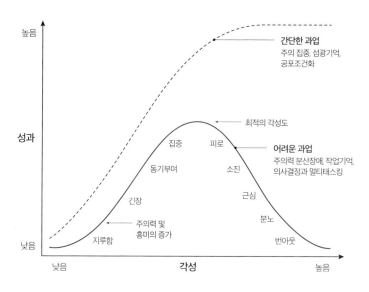

여키스-도슨 법칙 그래프 두 개의 곡선이 그리는 극명한 차이를 보라.

   각성 수준(스트레스)이 과업의 종류에 따라 다른 영향을 준다
는 그들의 이론은 언뜻 보면 매우 간단해 보이지만, 사실 경영
자 입장에서 매우 중요한 사실을 내포하고 있다. 단순 작업이
나 반복 작업은 관리자가 작업자를 시쳇말로 '쪼면' 성과 능력
이 가파르게 상승한다. 질책이나 체벌, 심한 경우 해고 등을 피
하기 위해 작업자들은 일에 집중하며, 그 결과 업무역량과 수

행능력은 크게 향상된다. 물론 그 수행능력이라는 것도 어느 정도 최고점을 찍은 다음에는 완만한 평행선을 그리며 더 이상 늘지 않는다. 인간이 슈퍼맨이 될 수는 없는 노릇이다. 일정한 수준의 각성, 즉 일정한 수준의 스트레스와 압력은 분명 직원들의 동기부여와 성과를 올리는데 긍정적인 역할을 한다. 마감 일자 내에 정해진 목표를 향해 매진하도록 직원들을 압박하면 업무 성과는 분명 오른다. '안 되면 되게 하라.' '안 되면 될 때까지.' 업무 현장에서 흔히 듣는 구호다. 납기일에 맞춰 정해진 물량을 맞춰야 하는 생산 공장은 하루 24시간이 모자라는 듯이 그렇게 직원들을 강하게 몰아붙인다.

반면 어려운 과업을 수행할 때는 전혀 다른 곡선을 그린다. 한동안 각성에 비례해 수행능력이 오르다가도 스트레스가 일정 수준 이상 넘어서면 작업자의 집중도가 분산되고 실수가 반복되는 등 업무 효율이 가파르게 떨어진다. 창조적인 발상을 요구하고 여러 상이한 작업을 함께 수행해야 하는 복잡한 업무의 경우에는 강도 높은 업무 스트레스는 도리어 독으로 돌아온다. 여키스-도슨 법칙에서 최대 성과를 내는 각성 정도를 '최적각성optimal arousal'이라고 하는데, 수행하는 업무의 난이도에 따라 최적각성은 제각각이다.

최적각성과 관련하여 또 다른 흥미로운 연구결과가 있다. 미국 듀크대학 심리학과 교수이면서 행동경제학자인 댄 애리얼

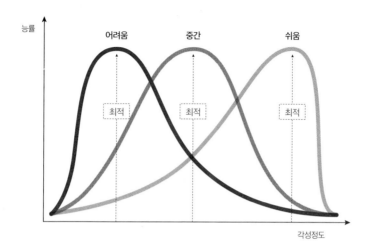

업무 난이도와 최적각성의 관계
난이도가 올라갈수록 최적각성은 빠르고 가파르게 올라간다.

리Daniel Ariely는 2002년 인도의 한 마을에서 퀴즈 경진 대회를 열어 보수와 성과의 관계에 관한 재미있는 실험을 진행했다. 실험 과정은 간단했다. 세 가지 문제 유형(유형마다 여섯 개의 문항이 있음)을 설정하여 87명의 실험 참가자들이 이중에서 임의로 한 종류를 고르게 한다. 편의상 문제 유형을 A, B, C로 나누자. 참가자들에게 A유형의 문제를 고른 사람이 주어진 여섯 개의 문항을 모두 맞히면 24루피를, B유형을 선택한 사람이 문항의 답을 모두 맞히면 240루피를, C유형을 선택한 사람이 답을 모두 맞히면 무려 2,400루피의 상금을 받는다고 고지한다. 여기서 중요한 것은 문제 유형과 관계없이 사실은 모든 문항의 난이도는 동일하다는 사실이다. 당시 마을 주민들이 버는 평균 월소득이 495루피인 것을 감안하면 2,400루피는 퀴즈 몇 문제 푼 보상치고는 상상할 수 없이 큰 금액이다.[1]

실험 결과는 흥미로웠다. A유형의 문제를 선택한 참자자들의 정답 확률이 가장 높았고 그다음으로는 B유형 그리고 C유형의 순이었다. 특이한 사실은 같은 난이도의 문제를 풀었는데도 C유형의 정답률이 A유형의 절반에 불과했다는 것이다. 2,400루피의 상금을 타겠다는 열망과 기대, 욕심과 부담감이 도리어 참가자로 하여금 문제를 제대로 풀지 못하게 만들었다. 반대로 24루피의 상금을 노린 A유형의 참가자들은 적당한 기대감을 가지고 느긋하게 문제를 풀어서 두 배의 정답률을 달성했다. 이도 저도 아닌 B유형의 참가자들은 A유형보다는 높지만 C유형보다는 낮은 스트레스를 경험했고, 이는 결과에 그대로 반영되었다. 여기서 상금(보상)은 부담 또는 스트레스에 해당한다. 지나친 스트레스 상태에서는 정보의 수집과 분석, 비교 및 기억의 저장과 재생 같은 이성적인 뇌의 활동이 위축되어 능력만큼 최고의 성과를 내지 못한 것이다.

---

[1] Daniel Ariely et al, "Large Stakes and Big Mistakes" *Review of Economic Studies* vol. 76(2009)

기간에 대한 말미를 충분히 주지 않고 사업기획서 같은 보고서를 내놓으라고 업무 지시를 내리면 정한 기일 내에 곧잘 하는 직원이 있는가 하면, 시간이 충분치 않아 써낸 보고서 내용이 시원치 않은 직원들이 있다. 물론 후자에게도 추가적인 시간을 할애하면 우수한 보고서를 제출하다. 결국 최상의 성과를 내는데 필요한 각자가 가지고 있는 최적각성이 다른 것이다.

애리얼리의 실험을 뇌과학의 관점에서 설명해보자. 스트레스는 투쟁 또는 도피 반응을 일으키는 뇌의 HPA을 활성화시켜 스트레스 호르몬인 아드레날린과 코르티솔을 분비시킨다.[2] 교감신경계가 작동한 것이다. 물론 뇌는 스트레스 반응이 일어날 때 이를 조절하는 보상 체계를 가지고 있다. 부교감신경계는 코르티솔 분비를 중단시키고 몸과 마음을 안정시켜 휴식과 안정 모드로 돌아간다. 이렇게 스트레스 상황이 발생하면 정상 수준으로 돌아가는 데까지 20~60분 정도 걸린다. 교감신경계와 부교감신경계는 서로를 견제하며 우리 뇌의 자율신경계autonomic nervous system를 구성한다. 교감신경계가 투쟁 또는 도피 모드를 유발한다면, 부교감신경계는 휴식과 안정 모드를 끌어낸다. 헐크로 변한 교감신경계에게 부교감신경계는 나직한

---

2 HPA: Hypothalamic, Pituitary, Adrenal의 약자로 각기 시상하부, 뇌하수체, 부신축이라고도 한다.

말로 속삭인다. '자아, 이제 그쯤 했으면 됐어. 진정하고 심호흡 좀 하라구.' 우리 몸은 자연스럽게 올라간 심박수를 줄이고 혈압을 낮춘다. 뇌는 브레이크 없이 폭주하던 호르몬 분비에 제동을 걸어 몸을 진정시키는 메시지를 보낸다.

좌측부터 스트레스와 수행능력 사이의 관계를 연구한 여키스와 애리얼리
(출처: geni.com(좌), facebook.com(우))

사람에 따라 스트레스를 일으키는 요인이 다르고 이에 대한 반응도 제각각이다. 대중 앞에 서기만 하면 빠르게 교감신경계가 활성화되어 심장이 빠른 속도로 뛰고, 혈압이 올라 얼굴이 붉어지며 식은땀을 흘리는 극도의 스트레스 상태에 빠지는 사

람이 있는가 하면, 발 빠른 부교감신경계의 작동으로 짧은 시간 내에 몸과 마음이 안정되어 대중 앞에서도 태연하고 여유 있게 행동하는 사람도 있다.

• 자율신경계 •

외부 환경에 대해 심박이나 발한, 동공 확장, 호흡 조절 등 인체의 각 기관들의 항상성을 자율적으로 조율하는 신경계를 말한다. 자율신경계는 크게 교감신경계와 부교감신경계로 나뉘는데, 자율신경계는 투쟁 또는 도피 상황에 반응하며, 부교감신경계는 휴식과 안정 상황을 유도한다. 대부분의 신체 장기는 교감신경계와 부교감신경계가 같이 분포하여 상호 길항적(拮抗的)으로 작동한다.

　지식경제 사회에서의 업무 내용은 다양하고 복잡할 뿐 아니라, 여러 분야가 서로 얽혀 상호간에 크고 작은 영향을 끼치고 있다. 복잡하게 얽힌 실타래를 풀기 위해서는 실들이 얽히고 설킨 상태를 면밀히 살펴보고 그후 하나하나 집중해서 해결해 나가야 한다. 단시일 내에 풀기 위해 우격다짐으로 밀어붙여서는 절대로 실타래를 풀 수 없다.

　업무 성과를 내기 위해 어느 정도의 스트레스는 필요하겠지만, 시간과 보상을 이용한 지나친 압박이나 지시, 강압적 통제는 오히려 성과를 떨어뜨린다. 뒤에서 살펴보겠지만, 스트레스는 사람이 살아가는데 반드시 필요한 자극이다. 적당한 스트레스는 우리의 행동과 정신 그리고 육체에 긍정적인 영향을 미친다. 그러나 아무리 좋은 스트레스라도 강도와 범위, 기간이 늘어나면 교감 및 부교감신경계의 상호작용에 문제가 발생한다.

개인마다 느끼는 스트레스에 대한 민감도와 각성도는 각기 다르다. 따라서 누구에게나 통하는 최적의 스트레스 관리법은 없다. 그 대신 공통적이면서도 현실적인 것은 스트레스를 최소화하거나 스트레스를 억제할 수 있는 주위 환경을 조성하는 일이다. 예를 들어 직원들이 가장 힘들어하고 자주 접하게 되는, 직장 상사의 계속적인 폭언이나 터무니없는 업무 지시를 묵인할 것이 아니라, 적극적으로 이를 방지하기 위한 규정이나 매뉴얼을 만드는 등 회사 차원의 시스템을 구축해야 한다.

문제를 일으킨 당사자의 자숙이나 피해자의 대응에만 맡겨서는 해결되지 않는다. 또한 관리나 통제를 위해 만들어진 불합리하고 비효율적인 규정을 간소화해야 할 필요가 있다. 성과를 내기 위해 필요 이상의 스트레스를 유발하는 '밀어붙이기식' 경영 마인드를 과감히 버리고, 다양성과 포용성을 가진 부당한 스트레스가 없는 기업 문화를 만드는 것이 뇌과학을 이해한 경영진이 해야 할 일이다.

좋은 스트레스도 있다고?

여키스와 함께 미국에서 행동주의 심리학을 개척한 대표적인 인물 중에는 존스홉킨스대학의 존 왓슨John Broadus Watson이 있다. 그는 여키스가 쥐를 가지고 스트레스 실험을 진행할 때 학문적 의견을 주고받던 동료 학자였다. 그는 여키스의 춤추는 쥐 실험을 보며 스트레스와 사람의 관계를 감정의 차원에서 규명하고 싶었다. '쥐를 인간으로 바꾸고 실험을 진행한다면 과연 어떤 결과가 나올까?' 그는 동물 실험에 그치지 않고 직접 사람을 대상으로 실험을 진행하는 대담함을 보인다. 소위 '어린 앨버트 실험Little Albert experiment'으로 왓슨은 스트레스로 인간이 두려움이나 공포를 학습할 수 있다는 사실을 보여주고자 했다. 실험 과정은 이랬다. 평소 쥐를 무서워하지 않던 9개월의 어린 '앨버트'에게 쥐와 함께 시끄러운 소리(쨍그랑 같은 깨지는 소리)를 들려준다. 평소 같으면 장난감을 가지고 놀 듯 쥐를 만지작거리며 놀았을 어린 앨버트는 갑작스런 소음 때문에 깜짝 놀라 울음을 터뜨린다. 이후 규칙적으로 이 과정을 반복하자 앨버트는 더 이상 소리가 나지 않아도 쥐만 보면 겁에 질려 울기 시작한다.

사람들이 보통 쥐를 무서워하는 건 선천적인 감정이라고 착각한다. 그러나 사실 감정조차도 평소 일련의 경험을 통해 학습한 것에 불과하다. 왓슨은 언어나 공부 같은 다른 학습 분야들처럼 감정도 뇌가 후천적인 경험을 통해 학습한 결과라고 생각했다.

흔히 '스트레스의 아버지'로 불리는 캐나다 몬트리올대학 생리학교수였던 한스 셀리예Hans Hugo Bruno Selye는 1956년 『생활의 스트레스』를 통해 적절한 스트레스가 도리어 활력에 도움을 준다고 주장했다. 그는 스트레스를 크게 두 종류, 즉 삶에 긍정적인 영향을 주는 스트레스와 부정적인 영향을 주는 스트레스로 나누었는데, 전자를 '유스트레스eustress'로, 후자를 '디스트레스distress'로 명명했다. 일례로 유스트레스는 사랑하는 연인과의 데이트에 대한 긴장감, 중요한 축구 경기나 콘서트를 앞두고 느끼는 기대감, 첫 출근을 앞둔 떨림 등을 말한다. 반면 디스트레스는 가족의 죽음, 과중한 업무의 압박, 부부간의 잦은 다툼 등 지속적으로 불쾌하고 불편한 자극을 말한다. 건축이나 설계 분야에서 스트레스는 건물이 받는 하중과 압력을 의미하며, 언어학에서 스트레스는 악센트를 뜻한다. 상대방과 대화를 나누며 악센트가 없는 문장을 주고받는다고 상상해보라. 감정과 의미 전달에 한계가 있을 수밖에 없을 것이다. 마찬가지로 일상에서 스트레스는 불가피한 존재다. 삶의 무게, 즉 일정한 스트레스를 받지 않을 수 없다.

앞에서 언급한 것처럼 스트레스로 인해 교감신경계에 스위치가 켜지는 순간, 우리 몸은 자동적으로 투쟁 또는 도피 모드로 진입하게 된다. 적절한 스트레스는 도리어 일에 활력을 선사하고 자신이 맡은 업무에 집중하게 한다. 그러나 모든 일은 과유불급이다. 적당한 수준의 건강한 스트레스가 유지되어야 하고 이러한 스트레스를 긍정적으로 수용하는 기업 문화를 만들어야 한다. 기업을 비롯한 그 어떤 조직도 스트레스가 없을 수는 없다. 다만 그 스트레스는 직원들의 업무수행력을 향상시키며 건설적인 경쟁을 유도하는 유스트레스로 승화시킬 수 있는 수준이어야 한다. 현실을 감안하지 않은 과다한 목표치, 목표 지상주의로 인한 지나치게 전투적인 업무 환경, 불공평한 인사나 급여 등은 구성원들에게 디스트레스로 작용한다. 기업의 경영자라면 이러한 디스트레스의 여건을 줄이고 최대한 많이 유스트레스 할 수 있는 환경을 만들어 나가야 한다.

3부
뇌행동학

Application

10장

세대 간의 공존을 위하여
―세대차를 일으키는 뇌―

모든 세대는 하나같이 아버지 세대에 반기를 들고, 할아
버지 세대와는 친구가 된다.

루이스 멈포드Lewis Mumford

벌써 30년 전 이야기이다. 그 당시 서태지가 헐렁한 청바지
를 입은 애들 둘을 데리고 나와 무대에서 흐느적거리며 '난 알
아요'을 외칠 때 세대별 반응은 극명하게 갈렸다. 30대 이상의
기성세대는 이전까지 듣도 보도 못한 랩을 처음 듣고 "노래 같
지도 않다."라고 혹평했다. 반면 20대 이하의 젊은 세대는 그들
이 보여준 퍼포먼스에 열광했다. 그들은 여태까지 보지 못했던

동작으로 억눌렸던 끼를 마음껏 발산했고, 가르치려고만 드는 기성세대에 반말로 "됐어, 됐어, 이젠 그런 가르침은 됐어."를 샤우팅했다. "우리나라 대중가요 문화는 서태지 이전과 서태지 이후로 나뉜다."라는 모 평론가의 평가가 그간 그들이 가져온 문화충격으로 보았을 때 그리 허언만은 아니었다. 1992년, 서태지와 아이들은 하나의 사회현상이 되었고, 그렇게 새로운 주류 문화가 되었다.

세대 간 성향이나 가치관이 다르다는 건 어찌 보면 당연한 일이다. 태어나서 자라나는 과정에서 또래가 공유했던 특유의 문화, 받은 교육 내용과 환경, 특징적인 사회 현상, 당시 시대적 분위기 등에 의해 한 세대가 특징지어지기 때문이다. 게다가 같은 세대라도 동일한 경험을 공유하지 않는다면 각기 다른 문화를 추종하고 만들어 낸다. 1960년대 영국에서 큰 인기를 누렸던 비틀즈의 음악은 영국 청년들의 라이프스타일을 완전히 바꿔버렸다. 그들은 자발적으로 머리를 밀고 스킨헤드족이 되었으며, 징을 박은 검은 가죽옷을 입고 군화를 신었다. 몸에는 기성세대에 대한 반항의 징표로 쇠사슬을 칭칭 감고 다녔다. 반면 비틀즈가 미국으로 건너가자, 그들의 음악은 미국 청년들을 히피족으로 만들어 버렸다. 너나할 것 없이 머리를 길렀고, 집시처럼 전국을 떠돌아다니며 자유연애를 즐겼다. 나중에는 플라워파워 운동flower power movement을 벌이며 반전, 반핵을 외치는 평화의 투사들이 되었다. 그들의 주제곡은 비틀즈의 「All You Need Is Love」였다. 동일한 비틀즈 음악을 듣고도 이렇게 다른 문화가 잉태될 수 있다.

세대차는 기업 내에서도 고스란히 나타난다. 이제 관리자들은 부서 회식조차도 직원들의 눈치를 살펴야 한다. 예전에는 일상적이었던 팀워크를 다지기 위한 주말 등산은 이제는 언감생심이다. 실제로 한 임원이 자신의 부하 직원들에게 이번 주말에 가까운 북한산이나 한 번 오르자고 했다가, 한 직원이 면전에서 "죄송합니다. 개인적으로 일정이 있어서 안 됩니다."라며 딱 부러지게 거절하자 더 이상은 이야기를 꺼낼 수 없었다고 했다. "요즘 젊은이들 자기주장이 확실하다는 건 알고 있었는데, 직접 겪어보니 기분이 이상하더군요." 그러고는 어색함을 감추기 위해 껄껄 웃고 말았다고 한다. 팀워크를 위해서 그리고 건강을 위해서 주말 등산만한 것이 없다고 생각하고 직원들이 당연히 따라 줄 것이라고 굳게 믿는 임원과 주말은 당연히 개인을 위해 써야 한다는 직원의 사고방식은 분명하게 다르다. 특히 그 임원의 경우 자신이 직원이었을 때는 반대는 고사하고, 막내로서 부서 등산 준비를 위해 총무 역할을 톡톡히 했던 것을 생각하면 섭섭한 것을 지나 체면이 깎인 노릇이라 분통이 치민다. 반면 직원은 주중에 직장에서 일하는 것도 힘든데 주말에 등산을 같이 가자고 하는 임원의 정신상태가 의심스

럽다. 도대체 개인 생활은 언제 하라는 거냐?

세대차를 줄일 수 있는 방법은 없는 걸까? 만일 세대의 특징을 정확히 알고 있다면, 조직 내 세대 간의 갈등을 줄이고 각 세대가 가지고 있는 장점을 살림으로써 협업을 유도하고 조직의 성과를 최대화할 수 있지 않을까? 우리는 이번 장에서 이런 질문들에 대해 뇌과학의 관점에서 이야기해 보고자 한다.

세대의 탄생 — 우리나라의 세대별 성향과 사고방식

고대 아시리아의 유적지에서 수메르 점토판들을 해독하던 하이델베르크대학의 아담 팔켄슈타인Adam Falkenstein과 그의 동료들의 얼굴에 미소가 번졌다. 무언가 재미있는 것을 발견한 듯했다. 기원전 17세기 쐐기문자로 기록된 점토판에는 다음과 같은 문자가 적혀 있었기 때문이다. "어디에 갔다 왔느냐?" "아무데도 안 갔습니다." "도대체 왜 학교는 빼먹고 길에서 빈둥거리고 있느냐? 제발 철 좀 들어라. 그리고 왜 그렇게 버릇은 없는 게냐? 네 선생님에게 존경심을 표하고 항상 정중하게 인사를 드려라." 부자간의 대화로 보이는 일련의 글들이 점토판에 실려 있었는데, 아버지는 공부에는 도통 뜻이 없고 길에서 놀기만 하는 아들에게 못마땅한 듯 일장 연설을 늘어놓고 있다.

모르긴 몰라도 예나 지금이나 공부 안 하는 자녀에 대한 꾸중은 변함이 없는 것 같다. 아버지 입장에서는 그런 아들이 이해가 가질 않겠지만, 아들은 대번 "아빠랑은 말이 안통해요!"라고 내뺄 것이다. 이 내용은 1949년 전문 고고학 학술지인 「아메리칸 오리엔탈 소사이어티 저널」에 실렸던 본문 중 일부다.

이처럼 기원전 17세기나 기원후 21세기나 세대차는 여전하다. 3,800년 전 사람들도 현대인과 똑같이 세대차를 느꼈던 것이다. 세대끼리 비슷한 성향과 가치관을 가지는 것을 굳이 뇌과학의 관점에서 설명하자면, 한 세대가 공유하는 경험들에 의해 형성된 신경세포망 연결 패턴이 서로 닮을 수밖에 없으며 그 결과 특정한 자극에 동일하게 반응하기 때문이다. 또한 세대차는 단순히 나이 차이로 생기는 것이 아니라 공유한 경험이 다름으로 생긴다. 서브프라임 모기지subprime mortgage 사태로 촉발된 2008년 글로벌 금융 위기를 20대 중반에 겪었던 M(밀레니엄) 세대와 10대 초반에 경험한 Z세대들 간에는 나이는 분명히 다르지만 유사한 신경세포망이 연결되었기 때문에 비슷한 성향을 지닌다. 두 세대가 직접 또는 간접적으로 경험한 부모나 이웃의 경제적 파탄과 가정의 붕괴는 공통적으로 기업이 윤리를 지키는 게 얼마나 중요하며, 또 이로 인해 겪게 되는 피해가 얼마나 심각한지 뼈저리게 느끼게 했다. 그 결과 그들이 공통적으로 가지는 가치관이나 성향은 나이대가 달라도 윤리적이며 모험을 피하는 성향으로 고착되었고 이는 그들의 뇌에 고스란히 자리 잡았다.

10대나 20대 같은 젊은 세대의 뇌와 40대나 50대의 뇌는 분명 다르게 작동한다. 젊은 세대에게는 새로운 음악, 새로운 운동과 같이 새로운 것에 호기심이 동하며 이것이 그들 삶의 활력과 동기부여가 된다. 그러나 나이 든 세대의 뇌는 눈과 귀, 입 등의 감각기관을 통해서 들어오는 새로운 정보보다는 기존의 경험과 예상을 더 중요시한다. 우선 일찌감치 노안이 와서 신상 노트북 사용 설명서에 써진 깨알 같은 글씨는 읽을 수도 없다. 30분 이상 무선 이어폰을 끼고 있으면 귀가 먹먹해져서 자꾸 머리만 아파온다. 나이가 들면서 이처럼 정보를 수집하는 기관들은 그 기능이 현저히 떨어질 수밖에 없다. 뿐만 아니라 이미 눈과 귀와 입으로 많은 경험을 했고 이를 분석하고 기억하는데 이미 많은 에너지를 소비했다.

그러다 보니 새로운 경험을 하고 새로운 지식을 얻는 것보다는 과거의 경험과 지식에 가치를 두는 게 더 효율적이라고 영악한 뇌는 결정을 한다. 그래서 나이가 들면 지혜는 늘지 모르지만 반대로 경직된 사고를 가질 가능성이 매우 크다. 새로움은 그들에게 두려움이다. 결국 자칫 융통성 없이 자기 식대로 생각하고 행동하다 보면 주변에서 아무도 반기지 않는 꼰대가 되기 십상이다. 하지만 이러한 경직성도 다른 측면에서 바라

본다면 전문성과 연결될 수 있다. 그들의 지식은 특정한 기능을 수행하기 위해 오랜 기간 연결되어 형성된 신경세포들의 결과물이다. 그야말로 그 분야의 전문가들이다. 그만의 특기이며 그만의 노하우다. 하지만 그 기술을 고집하고 다른 기술은 습득하지 않으려고 한다. 그들의 눈에는 좌충우돌 새로운 경험에 불나방처럼 뛰어드는 젊은 세대들이 도리어 위태롭게 보인다.

> ### ◆ 베이비붐 세대 ◆
>
> 1963년 「데일리 프레스」의 기자 레슬리 네이슨(Leslie J. Nason)이 쓴 기사에서 유래된 용어로 정의는 나라마다 다소 차이가 난다. 소련의 경우에는 베이비붐 세대라는 용어 대신 인류 최초로 유인 인공위성을 발사한 1957년을 기준으로 '스푸트니크 세대'로 부르며, 중국은 그간 세대 간 구분이 없다가 밀레니엄 세대에 해당되는 이들을 일컬어 '소황제(小皇帝) 세대'라 부른다. 정부의 인구 억제책으로 각 가정에서 독자로 태어난 아이가 마치 황제처럼 대접받고 자란 세대라는 뜻이다.

우리나라의 경우, 한국전쟁 이후 급속한 출생률의 증가와 고도의 경제 성장을 이룬 1955년 이후부터 1963년까지의 시기에 태어난 세대를 '베이비붐 세대'라고 분류한다. 이는 2차 세계대전이 끝난 1946년부터 1964년까지를 베이비붐 세대로 정의하는 서방 국가들과는 시작 연도에서 5년 정도 차이가 난다. 이렇게 다른 나라보다 출발이 늦었던 우리나라는 1956년 미국 원조의 감소와 1960년 4·19혁명으로 성장세가 주춤하는 때도 있었지만, 1955년 이래 대체로 매년 경제성장률 7퍼센트 이상의 가파른 경제 성장을 이룩했다. 특히 60년대 생으로 군부독재에 항거하는 민주화운동 과정에서 형성된 세대들을 '386세대'라고 구분하기도 한다. 소위 '30대, 80년대 학번, 60년대 생'을 통틀어 부른 386세대는 우리나라만의 특이한 세대이며 이전 베이비붐 세대와 이후 X세대의 과도기적인 성격을 띠고 있다.

베이비붐 세대나 X세대와는 달리, M세대와 Z세대는 경제 글로벌화와 모바일폰, 인터넷과 같은 통신기술의 발전으로 콘텐츠와 문화, 가치관을 서로 공유하고 서로 동기화되는 세대이다. 이들은 글로벌 경기 호황을 경험한 베이비붐 세대나 X세대와 달리 매우 현실적인 인생관으로 똘똘 뭉쳐있다. 또한 이들은 디지털 기술과 함께 성장한 '디지털 세대'라 인터넷과 스마트기기를 다루는데 능숙하다. 정보를 접하는 채널 역시 TV나 신문, 잡지 등과 같은 전통 매체보다는 인터넷과 온라인, 스마트기기 같은 새로운 매체를 선호한다. 집단보다는 개인, 소유보다는 공유, 상품보다는 경험을 중시한다. 부동산이나 자동차 소유보다는 해외여행이나 자기개발을 더 중시한다. 소통도 SNS를 통한 비대면적이고 수평적인 인간관계에 익숙해 있고, 내가 세상의 중심이라고 여기며 자기 확신이 강하다. 이들은 또한 조직 문화에 대해서 강한 거부감을 가지고 있다. 이들은 조직에 대한 충성과 규율, 그리고 성장과 경쟁의 아이콘인 베이비붐 세대와는 태생적으로 다르며 바로 전세대인 X세대와도 사뭇 다르다.

2년 전 통계이지만, 2019년 현재 M세대는 우리나라 인구의 21퍼센트를 차지하고 있으며 Z세대는 16퍼센트를 차지하고 있다. 통계 전문가들은 전세계적으로도 2020년에는 전체 직장을 다니는 직원 중 Z세대가 20퍼센트를 차지하게 될 것으로 내다보고 있다. 디지털 유목민(M세대), 디지털 네이티브(Z세대)로 알려진 이 신세대는 그 비중이 2020년에는 40퍼센트에 이를 것이며, 베이비붐 세대가 도태됨으로 인해 10년 내에 급속히 사회의 주류로 부상할 것이다. 우리는 현재 각기 다른 가치관과 성향을 가진 세대들이 협업해야 하는 중대한 과제를 가지

세대	출생 시기	대표적인 성향 또는 가치관
베이비붐 세대	1946~1964	경쟁적, 이상 추구, 규율 준수, 근면함
X세대	1965~1979	풍족함, 독립성, 효율성, 회의적
M세대	1980~1995	혁신성, 적응성, 경험 중시, 윤리성, 모험 기피
Z세대	1996~2012	협업 중시, 실용적, 초(超)경쟁적, 독립성, 윤리성, 모험 기피

세대별 대표적인 성향 및 가치관

고 있다.

세대 간의 차이를 잘 설명해주는 재미있는 예가 있다. 직장 상사가 직원에게 "점프!"라고 외쳤다. 베이비붐 세대는 일단 뛰고 본다. 반면 X세대는 뛰기 전에 "얼마나 높이요?"라고 묻고 M세대는 "왜요?"라고 되물어 본다고 한다. 한술 더 떠서 Z세대는 "어떻게 뛰는지 먼저 시범을 보여 주시죠?"라며 도리어 상사에게 요구한다고 한다. 이처럼 동일한 명령에 대해서 직원들은 세대마다 자신들의 성향과 가치관에 따라 천차만별로 반응한다. 물론 세대 간 차이도 있지만 세대 내에도 당연히 개인차가 있다. MZ세대인데 베이비붐 세대를 무색케 할 정도로 꼰대짓을 하는 사람도 많다. 세대 간 성향이나 가치관도 앞의 표처럼 명확하게 구분되지 않을 수도 있고 일부 서로 겹치거나 심지어는 모순되는 부분도 있다. 그럼에도 각 세대가 겪었던 집단 경험이 개별 세대의 집단무의식collective unconscious을 만들고, 이러한 것들이 모여 세대별 고유의 성향과 특성을 이루고 있다.

일할 때에는 이렇게 ─ 뇌과학이 알려주는 세대별 케미

Z세대의 경우를 보자. 그들은 대부분 모바일폰을 비롯한 스마트기기들을 사용해서 의사소통을 한다. 직접 만나서 이야기

하는 것보다 카톡이나 문자를 주고받는 걸 더 편안하고 자연스럽게 여긴다. 그래서 이들이 당연히 대면 없이 문자나 영상을 통해 소통하는 것을 더 좋아한다고 알고 있다. 하지만 그들에 대한 서베이 결과는 달랐다. Z세대의 84퍼센트가 직접 얼굴을 보면서 소통하는 것을 더 선호하는 것으로 나타났기 때문이다. 소통의 방식에 있어서는 편리함 때문에 디지털이나 스마트기기를 사용하지만, 그들도 직접 사람의 얼굴을 보고 말하는 것을 더 원하는 것이다.

다소 모순적이라고 생각되는 부분이 또 있다. Z세대는 인터넷이나 스마트기기를 이용하여 팀을 이루어 협업하는 것을 선호하지만, 다른 한편으로는 개방된 공간보다는 자기만의 사적 공간에서 작업하기를 더 선호하는 것으로 조사되었다. 세대차가 존재하는 것은 물론이고, 각 세대가 공통적으로 표방하는 성향과 추구하는 가치관 뒤에는 개인의 또 다른 내면의 욕구가 도사리고 있는 것이다. 이와 같이 세대 간의 차이 뿐 아니라 한 세대 내에서 각기 다른 가치관을 가진 개인 군상들이 모여 집단을 이루고 있다. 이런 현실에도 불구하고 아직도 우리나라 기업의 많은 조직 내에서는 '자신의 허락 없인 아무것도 하지 말라.'라는 식의 강압적이고 일방적인 업무 지시들이 내려지는 것이 허다하다. 상습적으로 회의 시간에 직원들에게 사무 집기를 집어 던지거나 폭언을 하거나 연차 휴가를 낼 때도 반드시

대면 보고를 하라는 식의 부당 지시를 하는가 하면 '점심시간 이외는 양치질을 하지 마라.' '의자에 아무 것도 걸지 말라.'라는 식의 그 근거도 이유도 알 수 없는 말도 안 되는 지시를 남발하는 사례가 실제로 일어나고 있는 슬픈 현실이다. 심지어는 사내 게시판에 글을 올리는 것조차 시간이 남아돌고 일이 없어서 하는 짓이라고 비난한 사례도 있다. 기업 내 팽배한 조직 문화가 이렇다면 세대 간의 차이를 인정하고 협업하기를 바라는 것은 요원한 일일 것이다. 그전에 직원 개인의 다양성을 인정하고 존중하는 기본적인 조직 문화의 개선이 전제되어야 하기 때문이다.

그러면 다른 성향과 가치관을 가진 세대 간의 갈등을 줄이고 협업에 성공하려면 어떠한 방법을 시도해야 할까? 앞에서 예를 든 것처럼 베이비붐 세대의 직장 상사가 M세대나 Z세대에게 "점프!"라고 했을 때 "왜요?"라든지 "먼저 시범을 보여 주시지요?"라는 대답을 들었을 때 어떻게 해야 하나? "이 놈 봐라 무슨 말이 많아? 뛰라고 하면 뛰지." 하고 기선을 제압해야 할까? 아니면 점프를 해야 하는 이유를 설명하거나 직접 점프를 하는 것을 보여주어야 하나? 당연히 후자일 것이다. '점프'를 명령한 이유를 설명해 주어야 하고 그것도 안 되면 시범을 보여주는 것이 당연한 것이 아닌가?

세대 간 성향이나 가치관이 다를 수 있다는 것을 인정하는 것은 단순히 좋고 그름의 문제가 아니고 다르다는 것을 서로가 진정으로 받아들이는 것이다. 세대 간 가치관과 성향에는 차이가 나는 부분도 있고 유사한 부분도 있다. 이러한 것들을 적절하게 매칭함으로써 상승과 보완의 효과를 노릴 수 있다.

1) 베이비붐 세대와 Z세대의 경우

나이로 치자면 거의 부모와 자식뻘 되는 이들에게 비슷한 구석이라곤 한 군데도 없을 것 같다. 하지만 사실 두 세대는 의외로 경쟁적인 성향을 공통적으로 가지고 있다. 베이비붐 세대는 모든 것이 부족하고 모자랐던 시대를 정면으로 돌파하면서 '살아남기 위해 이겨야 한다.'라는 사고방식을 익혔기 때문에 누구보다도 경쟁이 몸에 밴 이들이다. Z세대 역시 성장이 멈춘 시대를 가로지르며 경기 불황과 장기 침체를 몸소 견뎌야 했다. 이들에게도 상대방과 경쟁하여 이기는 것이 무엇보다도 중요하다. 고도의 경제 성장 시기에 동료와 경쟁하며 자란 베이비붐 세대와 글로벌 금융 위기를 겪으며 무한경쟁 시대에 노출되어 자란 Z세대는 정도의 차이만 있을 뿐 경쟁 환경에 내몰렸다는 면에서는 같다.

반면 두 세대 간에는 극복하기 힘든 간극도 존재한다. 서로가 '내가 당신을 왜 믿어야 하나?'에 대해 갖고 있는 인식 차이가 그것이다. 베이비붐 세대는 무엇보다도 조직에 대한 충성과

헌신을 높이 평가한다. 나보다는 우리를 먼저 생각하는 선공후사의 정신을 추종한다. 조직이 잘 되면 나도 덩달아 잘 된다고 믿는다. 나와 조직은 한 몸이라는 의식이 강하다. 그런 그들의 눈에 개인주의적이고 모험을 기피하는 Z세대가 그다지 미더울리 없다. 반대로 Z세대의 입장에서는 베이비붐 세대가 현실적인 문제보다는 이상주의적이고 조직의 규율을 필요 이상으로 중시한다고 생각한다. 그들이 진정 필요한 것은 급속한 변화를 겪고 있는 환경하에서 고리타분한 충성, 헌신과 같은 가치관이나 조직의 규율을 준수하는 것보다는 변화에 대응할 수 있게 하고 자신의 역량을 키울 수 있는 실질적인 도움이다. 그들의 눈에는 베이비붐 세대가 이 부분에서 도움이 될 것인가에 대한 믿음이 없다. 그들이 겪었던 경쟁과 지금 자신들이 겪고 있는 경쟁은 질적으로 완전히 다르다고 믿는다.

2) X세대와 Z세대의 경우

이 두 세대는 독립적이고 실용적인 면을 선호한다는 점에서는 서로가 상당히 닮아 있다. 그러나 두 세대 간에는 '내가 왜 당신에게 대가를 지불해야 해?'라는 공헌에 대한 인정 부분에 있어서는 차이가 있다. X세대는 독립성과 효율성을 중시하기 때문에 성과에 대한 개인의 공헌도에 관심이 많다. 이로 인해 협업을 통해 이룬 성과에 대한 개인의 공헌을 인정하는 것에는 인색한 편이다. 반면 협업을 통해서 성과를 내는데 익숙한 Z세대는 X세대가 던지는 "당신이 공헌한 바는 정확히 무엇인가?"라는 질문에 도리어 "얼마만큼 내가 협업을 해야 당신이 나의 성과를 인정을 해줄 것이냐?"라고 반문한다. Z세대의 80퍼센트가 동료와 같이 협업하여 과제를 해결하는 것을 선호한다는 점을 이해한다면, 협업을 통한 성과 창출에 익숙한 Z세대로서는 당연한 질문이라 할 수 있다.

3) M세대와 Z세대의 경우

이들의 공통점은 빠른 변화와 사회적 양심을 중요하게 여긴다는 것이다. M세대의 75퍼센트는 급여를 좀 덜 받더라도 사회적 책임을 다하는 기업에서 일하기를 원하고, Z세대의 82퍼센트는 사회적 책임이야말로 그들이 선택하는 기업의 중요한 덕목이라고 대답한 조사 결과가 이를 증명해준다. 또한 Z세대는 업무를 수행함에 앞서 좀 더 확실한 정보와 지침을 원한다. 앞에 사례처럼 "점프!"라는 지시를 받았을 때 "어떻게 하는지 보여 주시죠."라고 되묻는 세대다. 이 세대들은 인터넷이나 또래를 통해서 정보를 습득하고 공유하며 경험한다. 심지어 이들은 굳이 선배 경험담을 직접 들을 필요를 못 느낀다.

선배들의 지식은 대부분 유효 기간이 지난 지 오래다. 도리어 이제는 선배가 후배에게 배우는 역전 현상이 벌어지고 있다. 이제는 이들에게 무엇을 가르치기보다는 무엇을 배울 것인가를 고민해야 할 때다. 그들에게는 '지금 무엇을 알고 있느냐?'가 중요한 게 아니라 그 무엇을 알기 위해서 '누구에게 물어 봐야 하느냐?'가 더 중요하다. 각종 정보들이 수많은 채널을 통해서 쏟아져 나오고 있는 요즘, 우리는 정보들을 모두 학습할 수 없을 뿐 아니라 모두 알 필요도 없다. 단지 필요할 때 어디서 그 정보를 찾아야 할지 아는 것이면 충분하다.

세계적인 기업 구글은 2010년부터 다른 팀에 비해 유독 성과가 좋은 팀의 비밀을 알아내기 위한 내부 프로젝트를 진행했다. 그 결과 성과가 좋은 팀은 일종의 집단 지능collective IQ을 가지고 있다는 사실을 발견했다. 이 집단 지능은 구성원 개개인의 지능지수를 더한 값이 아니라 그들이 팀으로 존재할 때 발휘되는 일종의 팀 지수team IQ이다. 팀 지수는 단순히 팀의 단결이나 믿음, 만족이나 지지 같은 게 아니다. 그보다는 팀원들이 동료 팀원들에게 높은 감수성을 가지고 있는 상태다. 쉽게 말해, 동료 직원들의 감정을 잘 읽을 수 있는 능력이라고 할까? 집단 지능을 놓고 볼 때, 세대 간의 차이는 조직의 잠재적 위협과 위기가 아니라 도리어 새로운 기회이자 잠재성이 될 수 있다. 이런 감수성을 바탕으로 각 세대의 차이를 이해한다면 세대차가 도리어 조직에게 큰 기회가 된다. 물론 세대 간 가지고 있는 성향과 가치관의 차이를 한방에 해결할 수 있는 실버 불릿silver bullet은 존재하지 않는다. 단지 공통점과 차이점을 이용하여 최선의 조합을 만드는 것에 집중하는 것이 필요할 뿐이다. 그리고 그 지혜의 일부는 뇌과학에서 얻을 수 있다.

11장

함께라서 너무 좋아
―집단 사고의 위험―

모두가 똑같이 생각할 때 아무도 그 이상은 생각하지 못한다.

알버트 아인슈타인Albert Einstein

삼인성호三人成虎란 옛말이 있다. 이웃나라에 사신으로 떠나는 신하가 왕에게 질문을 던졌다. "전하, 아뢰옵기 황공하오나 만일 어떤 자가 시장에 범이 나타났다고 하면 믿으시겠습니까?" 왕은 "처음엔 믿지 않겠지만, 두 번째엔 반쯤 믿겠고 세 번이나 그러면 믿게 되겠지."라고 답했다. 이에 신하는 이렇게 당부를 했다. "전하, 그렇사옵니다. 실제로 범이 없어도 세 사람

이 있다고 말하면 범이 나타난 것이 됩니다. 제가 떠난 뒤에 저를 비방하는 말을 들으시더라도 절대 믿으시면 안 됩니다." 세 사람 이상이 상소문을 올리면 한 사람을 서슬 퍼런 망나니 앞에 세우는 건 쉬운 일이다. 이처럼 삼인성호란 '세 사람이 모이면 호랑이를 만든다.'라는 뜻으로 사실이 아니라 하더라도 여러 사람이 계속 주장하면 결국 믿게 된다는 뜻이다.

　과학자들은 이렇게 한 집단을 파멸로 몰고 가는 집단 사고의 징후로 여러 가지를 들고 있다. 그 중에서 자사의 제품은 완전하며 오랜 시간 검증이 끝났고, 자사의 시장 점유율은 난공불락이라는 사고, 즉 취약성이 없다는 착각이 대표적인 첫 번째 징후이다. 반대로 경쟁 업체를 과소평가하거나 필요 이상으로 과대평가하려는 외부집단에 대한 고정관념이 그다음 징후다. 또한 집단 사고에 매몰되어 다른 시각과 발언을 묵살하고 반대자에 대한 직접적인 압력을 가하거나, 스스로 창조적 사고를 제어하는 자기검열이 뒤를 잇는다. 집단 전체주의에 놓여 검열과 자아비판을 일삼고 있는 북한 주민이 바로 이 지경에 이르고 있다. 그 중에서 가장 무서운 징후는 만장일치에 대한 착각이다. '으쌰 으쌰'는 좋은데 불일치하는 의견이 있음에도 이를 간과하거나 대수롭지 않은 불협화음쯤으로 치부하는 경우가 이에 해당한다. "우리 회사는 이번에 이 방향으로 100퍼센트 일치를 보았어."라는 말만큼 위험한 말이 따로 없다.

이거 괜히 나만 바보 되는 거 아냐

사람은 자신의 생각이나 판단을 다른 사람이나 자신이 속한 집단이 주장하는 것으로 바꾸려는 경향이 있다. 이를 규범적 사회 영향normative social influence이라고 한다. 우리 뇌는 자주 '남들이 좋아하는 것' '남들이 듣고 싶어 하는 것'을 내가 '옳다고 생각하는 것' '내가 말하고 싶어 하는 것'보다 우선시 한다.

소위 또래 집단 압력peer pressure도 이러한 범주에 속한다. 나는 운동을 좋아하지 않지만 친구들이 좋아하기 때문에 운동을 하게 된다든지 하는 것인데 이 현상은 십대 때 절정을 이룬다. 이 당시의 아이의 정체성은 대부분 자신이 어떤 무리에 속했느냐로 결정된다. 심리학자 주디스 해리스Judith Rich Harris는 자신의 논쟁적인 저서 『양육가설』에서 자녀를 양육하는 데 부모의 역할은 미미하며 도리어 또래들의 영향력이 제일 중요하다고 주장했다. 부모는 기껏해야 무엇을 먹고 무엇을 입을지 따질 뿐 정작 한 인격적 존재로서의 자녀 개인에게 무엇을 생각하고 어떻게 행동해야 할지 주입시킬 수 없다는 것이다. 그런 역할은 자녀 주변에 있는 친구들이 대부분 담당한다. 그녀의 주장을 받아들인다면, 한 청소년의 원만한 성장에 부모의 역량보다 주변 동료의 자질이 더 중요하다는 결론에 도달하게 된다. 쉽게 말해 '친구 따라 강남 간다.'라는 말이 적실하게 맞는다는 것이다. 과학저널리스트인 맷 리들리Matt Ridley 역시 『본성과 양육』에서 "아이들은 아이들 수준에서 잘 살아가려고 노력하는데, 이것은 또래집단 내에서 적절한 지위를 찾는다는 것을 의미한다. 이를 위해 아이들은 순응하면서 차별화하고, 경쟁하면서 협력한다. 아이들은 주로 또래들에게서 언어와 억양을 습득한다."라고 또래 집단의 중요성을 역설했다.

이러한 현상은 아이들뿐 아니라 어른에게도 마찬가지다. 이는 다양한 사회과학 실험들로 입증되었다. 1951년 미국의 심리학자 솔로몬 애쉬Solomon Eliot Asch가 실시한 동조실험conformity experiment이 대표적인 예다. 그는 미국 프린스턴대학에서 복종실험을 수행했던 스탠리 밀그램Stanley Milgram과 함께 이와 관련된 여러 가지 실험을 수행했던 동료였다. 애쉬는 실험 참가자들에게 먼저 한 개의 선을 보여준 뒤 이어 세 개의 서로 다른 길이의 선을 보여 주면서 '이 중에서 먼저 보여준 선보다 긴 선이 어느 것인가?'라는 단순한 질문을 던졌다. 미취학 아동조차 쉽게 풀 수 있을 수준의 단순한 문제였다. 그런데 이 실험은 이중 설계가 되어 있었다. 같은 방에 있는 피실험자 한 명을 제외하고 나머지 참가자들은 모두 사전에 오답을 말하기로 약속한 배우들이었다. 쉽게 말해, 짜고 치는 고스톱이었던 셈. 이런 사실을 알 리가 없는 진짜 실험참가자는 다른 사람들이 모두 답한 후 마지막에 답을 하도록 자리를 배정받았다. 애쉬는 실험을 통해 집단 사고나 군중심리가 한 사람의 판단력에 어떠한 영향을 미치는지 알고 싶었다.

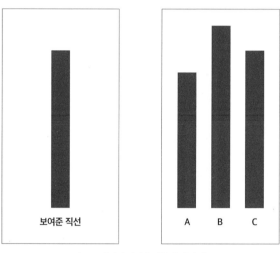

보여준 직선

A   B   C

솔로몬 애쉬가 설계한 실험의 선 길이

결과는 충격적이었다. 실험 참가자가 방에 함께 있던 사람들의 오답을 따라 한 경우가 무려 75퍼센트에 달했다. 즉 네 명 중세 명은 집단의 판단을 따라간 것이다. 그림에서도 쉽게 알 수 있듯, 보여준 선보다 긴 것은 B가 분명했으나, 같은 자리에 있던 모두가 C를 외쳤고 결국 맨 마지막에 앉아 있던 참가자 역시 B 대신 C를 선택한 것이다. 실험이 끝나고 참가자에게 C를 선택한 이유를 묻자, 대부분 이렇게 답했다고 한다. "틀렸다는 걸 알고는 있었는데, 괜히 다른 사람과 다른 의견을 말해서 갈등을 일으키고 싶지 않았어요." 뇌는 자신의 생각보다는 다른 이들로부터 인정받는 것이 더 중요하다고 판단한 것이다. 물론 그 와중에도 25퍼센트는 자신의 판단을 소신껏 유지했다.

이 실험은 정답이 명확한 경우다. 누구나 어느 것이 더 긴 선인가 명확히 알 수 있다. 그러나 정답이 딱 떨어지지 않고 애매모호한 경우라면 어떤 결과가 나올까? 아마 대부분의 실험 참가자는 집단 사고로 인해 이미 설정되어 있는 막대기를 선택할 것이다.

주변의 정보에 의해 개인의 의사결정이 영향을 받는 또 다른 예로는 포모증후군FOMO syndrome 이 있다. 전기자동차 산업의 미래 가능성으로 인해 특정 배터리 관련 회사의 주가가 천정부지로 오를 것이란 소문이 시장에 퍼져 있다고 하자. 당장 김 대리의 팔랑귀가 작동할 것이다. 2차 전지 관련 테마주들을 살펴보고 관련 기사나 인터넷 등에서 뭐라고 말하는지 정보를 모을 것이다. 그간 거들떠보지도 않던 주식 유튜브 채널이나 종목 추천 리딩방을 기웃거릴지도 모른다. 만일 여기에다 회사에서 주식 투자를 곧잘 하는, 아니 평소 자신이 신뢰하는 직장 동료가 다음과 같이 놀라면서 한 마디 거든다면 어떻게 할 것인가? "아니 김 대리는 아직도 안 샀어?"

이 순간 김 대리의 귀는 쫑긋할 것이다. '내가 이렇게 바보였다니. 이제껏 중요한 정보를 놓치고 살았어.' 그는 당장 있는 돈 없는 돈 '영끌' 해서 2차 전지 관련주를 과감히 살 것이다. 김 대리는 전형적인 포모증후군에 빠진 것이다. Fear of Missing Out의 약자인 포모증후군은 현대인들이 '나만 중요한 일에서 소외되거나 중요한 정보를 놓칠 것에 대한 두려움'을 갖는 전형적인 현상을 일컫는다. 실은 마케팅에서 먼저 활용되었으나, 이 증후군은 정보적 사회 영향을 바탕으로 한 뇌의 속성을 응용한 것이다. 2000년, 미국의 마케팅 전략가 댄 허먼Dan Herman 이 '매진 임박'이니 '한정 수량'이니 떠들며 제품의 공급량을 일부러 줄여 소비자들을 조급하게 만들었다. 당연히 소비자들은 '혹시 다들 사는데 나만 소외되는 거 아냐?' 하는 두려움에 너도나도 지갑을 열게 된다. 이후 포모증후군은 SNS가 보편화된 오늘날 다시 화제가 되며 하나의 사회현상으로 소개되고 있다.

이처럼 포모증후군과 같이 주변의 정보가 개인의 의사결정에 영향을 미치는 것을 '정보적 사회 영향informative social influence' 이라고 한다. 이는 한 치 앞도 알 수 없는 불확실한 상황을 이해하기 위해 우리 뇌가 주변 사람들을 정보의 중요한 공급원으로 사용한다는 사실을 보여준다. 이 역시 오랜 진화의 과정을 통해 인간이 터득한 생존 비결이다. 정보적 사회 영향은 개인이 어떻게 해야 할지 몰라서 난감할 때는 그저 남들이 하는 대로 따라하는 것이 안전하다고 느끼게 만든다. 거리를 걷고 있는데 뒤에서 한 무리의 사람들이 이쪽으로 황급히 달려오는 것을 본다면 어떻게 할 것인가? 나도 뒤질세라 열심히 뛰기 시작할 것이다. 다른 사람들이 뛰는 이유는 모르지만 하여튼 뛰는 것이 안전하다고 느끼고 다른 사람의 행위를 따라 하는 것이다. 다행히 한 무리가 장난삼아 뛰는 것이었다면 다소 겸연쩍은 표정을 짓는 것으로 끝나지만, 만에 하나 칼을 든 미친 사람이 닥치는 대로 행패를 부리는 것이었다면 영문도 모른 채 다른 사람과 같이 뛰어 달아나는 것은 잘한 결정인 셈이다. 이와 같이 정보가 턱 없이 부족하거나 정확한 정보를 알지 못해서 의사결정을 힘들어 하는 뇌에게 불확실성을 없애주는 다른 사람의 행위는 매우 반가운 것이다. 주저하지 말고 다른 사람의 결정을 따르는 것이 안전하다. 분명 다른 사람이 저렇게 달려오는 것에는 이유가 있을 것이라 가정한다. 그것이 사실이든 아니든.

조직이 광기에 사로잡힐 때 — 집단 사고와 집단 극화

조직에 속한 사람들은 조직 내의 조화를 지향한다. 본능적으로 일치는 좋은 것, 갈등은 나쁜 것으로 인식한다. 조화와 일치를 깨는 이러한 행위는 그것이 무엇이건 유익하지 않으며 기피 대상이다. 별다른 문제가 없으면 조화를 이루겠다는 구성원들의 욕구가 강하다 보니, 비이성적이거나 옳지 않다고 생각한 결정들도 오로지 조직 내의 조화를 위해 그 결정에 동조한다. 즉 조직의 공동선common good이 개인의 이성적이고 올바른 결정과 개인의 이익보다 우선하는 '집단 사고group think'의 상태가 된다. 이 집단 사고로 인한 사건의 왜곡과 잘못된 의사결정 못지않게 더 심각한 것은 '집단 극화group polarization'의 경우다. 역사적으로 집단 사고로 인한 집단 극화의 비극적 사례는 나치가 나라를 지배했을 당시 독일 국민들의 유대인 학살 동조이다. 오늘날 많은 사람은 히틀러와 나치당원들은 그렇다 치고 어떻게 독일 국민까지 6백만 명의 유대인들을 학살하는 데 부역하거나 침묵할 수 있었을까 의아하게 생각한다. 그러나 독일 국민은 단순히 나치의 정치적 수사에 속은 게 아니다. 정확히 말하면, 그들과 '같은 생각'을 하고 있었던 것이다.

그런 의미에서 노벨 문학상을 수상했던 영국의 대표적인 소

• 집단 극화 •

집단 내의 토론 과정에서 구성원들이 보다 극단적 주장을 지지하게 되는 사회 심리학적 현상을 말한다. 집단 속에 숨어 부담감을 줄이는 전략을 택해 혼자일 때보다 더욱 과격한 주장을 하게 된다. 이런 현상은 집단에 속한 개인의 태도에도 영향을 주어 자신이 지지하는 주장에 대해서는 더 적극적인 옹호를, 그리고 반대 주장에 대해서는 더 강한 비난을 하는 태도를 이끌어낸다.

설가 윌리엄 골딩William Golding의 『파리대왕』은 집단 극화를 보여주는 대표적인 문학작품일지 모른다. 소설은 핵전쟁을 피하기 위해 표류하던 한 무리의 십대 소년들이 무인도에 상륙하면서 시작된다. 개중에는 여섯 살에 불과한 아이도 섞여 있었으니, 말 그대로 『십오 소년 표류기』처럼 『로빈슨 크루소』의 아동 버전인 셈이다. 소설은 랠프와 잭으로 대별되는 두 소년의 리더십을 상징적으로 그리고 있다. 랠프는 모든 의사결정을 민주적으로 처리하고 동료들에게 적절한 권한을 분배하는 리더라면, 잭은 동료의 의견을 묵살하고 모든 의사결정을 독단적으로 행사하는 독재자의 면모를 보인다. 한 무리의 소년들이 처음에는 랠프에게 신뢰를 보내지만, 점차 그의 리더십을 반대하며 잭을 따라 그들에게서 떨어져 나간다.

마침내 소년들은 두 파로 나뉘어 싸우게 된다. 잭을 따르는 이들은 멧돼지를 잡아 괴물에게 제물로 바치는 야만으로 추락하며 그의 리더십을 따른다. 급기야 그들은 집단을 배신한 소년 하나를 희생양으로 삼아 인신 제사를 지내고 불타오르는 모닥불 주변을 돌며 승리의 춤을 춘다. 점점 소년들은 지배욕과 살인욕으로 세를 불리고, 랠프에게 동조했던 소년들이 잭에게 포섭되면서 결국 랠프는 고립된다. 어느새 인간 사냥꾼으로 돌변한 소년들은 온 섬에 불을 피우며 랠프를 찾아 이곳저곳을 샅샅이 뒤지고, 그 때문에 섬 전체가 불에 타기 시작한다. 결국 은신처에 숨어 있던 랠프가 붙잡히고 광기의 소년들의 손에 제물로 드려지기 직전, 섬 전체에서 피어오르던 연기로 인해 지나가는 영국 군함이 섬에 들어오며 상황은 종료된다. 입도入島한 어른들은 영국의 교육을 받았던 문명인에서 죽창을 든 야만인으로 변모한 아이들의 모습을 보고 아연실색한다. 소꿉장난으로 시작해 서로를 죽이는 광란의 살인극으로 변질되었던 아이들의 싸움은 그렇게 어른들의 개입으로 싱겁게 끝나고 만다.

골딩의 『파리대왕』이 단지 소설에 불과하다고 여길지 모르겠다. 하지만 영국 브리스톨대학의 사회심리학자인 헨리 타이펠Henri Tajfel은 이를 현실에서 보여주었다. 그는 구성원들 사이에 특별한 이해관계나 적대감이 없는 상태에서 '우리'와 '그들'이라는 단순한 도식만으로도 얼마든지 집단 사고가 작동할 수 있다는 사실을 실험으로 보여주고자 했다. 타이펠은 먼저 실험 참가자들을 모아 놓고 동전던지기를 통해 무작위로 두 그룹으로 나누었다. 그룹은 철저히 운에 의한 무작위로 나뉘었고, 구성원들은 사전에 서로를 전혀 알지 못하는 남남이었다. 그리고 그들에게 여러 가지 단순한 대결 과제를 수행하도록 시켰다. 두 집단은 채 몇 분도 지나지 않아 강한 유대감과 소속감을 느끼며 자기 집단을 옹호했고 상대 집단을 경멸했다. 게임을 할 때도 소속팀은 목이 터져라 열렬히 응원을 보냈지만, 상대팀에게는 야유와 조롱을 일삼았다. 흥미로운 사실은 이들이 실험을 시작하기 몇 분 전만 하더라도 출신이나 배경, 이름과 성격 등 서로를 개인적으로 알만한 정보는 아무것도 없었다는 점이다. 오로지 자신이 속한 내집단에 있으려면 응당해야 할 행동을 보이며 집단 사고를 키웠다. 이를 타이펠은 논문에서 사회정체성 이론social identity theory으로 제시했으며 그의 최소집단 실험 minimal groups experiment은 『파리대왕』이 현실에서도 얼마든지 성립할 수 있다는 점을 보여주었다.

• 사회정체성 이론 •

인간은 사회정체성을 이루는 데 자아존중감을 높이려는 방식으로 자신이 지각한 특정 집단의 지위와 그 지위의 정당성 및 안정성과 같은 구조적 요인들을 추구한다는 이론이다. 1980년대 헨리 타이펠이나 존 터너(John Charles Turner), 마이클 호그(Michael A. Hogg) 등의 학자에 의해 제시되었다.

　비즈니스 도중 발생한 하나의 예를 들어 보자. 사업이 갑자기 좌초됨으로서 부실 채권이 발생한 고객이 있었다. 직원의 잘못도 없었고 회사도 법적으로 하등의 책임이 없었던 건이라 크게 염려할 게 없었다. 굳이 책임을 묻는다면 발생한 건에 대한 관리 책임(사실 이것조차 추후 조사에 의해 철저히 관리되었음이 확인되었다)을 물어 최대한 구두 경고 정도로 끝날 사소한 일이었

다. 그러나 조사가 시작되자 기류가 변하기 시작했다. 기업윤리팀이 개입한 이후 이 문제를 보는 시각이 예상치 않은 방향으로 설정되어 결론을 한편으로 몰아가는 것이었다. 모든 책임이 해당 직원의 실수로 귀착되는 분위기였다. 확인되지 않은 애매한 부분들은 불리하게 해석되었고, 직원의 해명은 의심의 대상이었다. 급기야 담당자는 중징계까지 각오해야 할 지경에 이르렀다. 이렇게 윤리팀이 빡빡하게 구는 데에는 그만한 이유가 있었다. 당시 회사는 전체적으로 기업윤리를 강조하던 기간이다 보니, 해당 건이 마치 본보기처럼 표적이 된 것이었다. 다행인 것은 이후 담당자의 적극적인 방어와 명백한 추가 증거 제시로 아무 징계 없이 무죄 결정을 받았다. 이와 같은 경우, 의사결정과 연관되어 있는 관리자들은 분위기상 담당자를 옹호하는 입장을 취하기 힘들다. 더욱이 그 사건의 팩트를 정확히 모르니 옹호할 수 있는 처지가 아니다. 도리어 기업윤리를 반드시 준수해야 한다는 것 그리고 이를 강하게 동의한다는 걸 관련된 사람들에게 천명하는 스탠스를 취할 수밖에 없다. 당사자를 옹호하기보다 도리어 책임을 물음으로써 회사 방침에 대한 본인의 확고한 입장을 확실히 못 박아두는 것이 여러모로 안전하기 때문이다. 이렇다 보니 까딱하면 집단 극화에 휩쓸려 사실과 다르게 엉뚱한 결론을 내릴 가능성이 매우 높다. 재미있는 사실은 여러 사람들이 모여 결정을 할 경우 보통 우리는 중간적인 결정이 내려질 것으로 생각한다. 하지만 실제로는 한쪽으로 쏠리는 극단적인 결정을 내리는 경우가 많다. 어떤 행위로 인한 처벌 수위가 구두 경고, 서면 경고, 강등 및 감봉, 해고 등이 있다면 누구나 서면 경고 정도로 예상했지만 여러 사람이 모여 결정할 경우 좀 더 높은 수위의 처벌 즉 강등이나 심지어 해고로 결정이 날 가능성이 높다는 것이다. 그렇게 결론을 내도록 집단 사고가 작동하기 때문이다.

　기업과 같은 조직에서 이러한 집단 극화 현상을 막을 방법은 없을까? 앞에서 이야기했듯이 문제에 대한 내용을 잘 알고 있거나 사건 당사자에 대한 믿음이 확고하지 않고서는 중립적이거나 두둔하는 입장을 취하기 힘들다. 그럴 경우 우선 회사 방침에 동조하지 않는 사람으로 비쳐질까 부담스럽기 때문이다. 그리고 만일 일이 잘못되었을 때 자신이 책임질 수도 있다는 두려움이 앞선다. 집단 내에서 이런 현상을 막기는 거의 불가능하다. 다른 한편으로는 집단 사고가 불합리하기만 한 게 아니라 '옳게' 설정되기만 하면, 회사가 원하는 방향으로 인력과 자원을 집중함으로써 보다 효율적인 성과를 내는 일사불란한 조직을 만들 수 있다는 장점도 존재한다. 문제는 옳게 설정하는 것이 어려운 일이다. 결국 조직의 집단 극화를 줄이는 방법은 객관적인 증거와 정보를 바탕으로 의사결정을 하는 것이다. 그리고 의사결정에 영향을 미치는 주위의 영향(사회적, 윤리적,

정보적 규범)을 최소화해야 한다. 또한 의사결정을 할 때 항상 의식적으로 자신이 집단 극화의 위험에 노출되어 있다는 것을 염두에 두어야 한다.

12장

그래도 희망은 있다
―뇌의 변화를 이끄는 몇 가지 방법―

사고를 바꾸므로 우리는 뇌를 바꿀 수 있다.

리처드 데이비드슨Richard Davidson

'내뇌혁명'

'뇌를 바꾸고 달라진 나'

'나를 바꾸는 365일 습관'

위는 필자가 당장 온라인서점 광고란에서 가져온 문구들이
다. 하나같이 잠자는 뇌를 깨워서 잠재성을 키우라는 조언이

다. 요즘 서점에는 이렇게 뇌과학 지식을 가지고 상업적 자기계발 지침으로 활용하는 책들이 넘쳐난다. 자세히 들여다보면, 뇌과학을 말하고 있는 것 같지만 사실 얄팍한 상술로 무장한 허황된 이야기들인 경우가 대부분이다. 앞에서 사람들은 각기 다른 유전자를 갖고 태어났으며 성장하는 과정에서 다른 경험과 지식을 통해 다른 형태의 신경세포 연결을 가진 서로 다른 존재임을 밝혔다. 그리고 이렇게 다르게 형성된 개인의 성향이나 특성들을 인위적으로 변화시키는 건 참으로 힘든 일이라는 것도 설명했다. '이 다이어리를 쓰면 하루아침에 당신의 뇌를 바꿀 수 있다.'라는 식의 달달한 동화 같은 자기계발서를 믿는 건 개인의 자유지만, 이에 대해 뇌과학의 대답은 그렇게 긍정적이지 않다.

물론 뇌가 변하기 어렵지만 그렇다고 주물 틀에서 뽑아낸 무쇠덩어리처럼 한 번 형성되면 영원히 변하지 않는 것은 아니다. 그렇다고 근거 없는 뇌의 가소성 신화에 매몰되어서도 안 된다. 뇌가 어느 정도까지 변하는지, 그리고 어떻게 해야 변화시킬 수 있는지, 그리고 뇌과학은 그 질문에 대해 어떤 대답을 내놓고 있는지가 중요하다. 가소성이란 어떠한 물체에 일정한 힘을 가하면 그 물체가 쉽게 변형되고, 원하는 형태를 자유롭게 만들 수 있는 성질을 말한다. 우리 자녀들이 가지고 노는 고무찰흙을 떠올리면 된다. 뇌는 고착된 것이라는 믿음이 팽배했던 과거만 하더라도 뇌의 가소성 문제는 뇌과학에서 그렇게 중요한 논제가 아니었다. 당시에는 청소년기 이후 사람의 뇌는 고정된 채 평생 유지된다고 믿었다. 그러던 것이 1990년대 말에 접어들어 뇌의 가소성 연구가 활발히 이루어지면서 새로운 주장이 나오기 시작하였다. 뇌의 새로운 신경세포 연결이 단지 청소년 단계뿐만 아니라 인생 전반에 걸쳐서 일어나며 외부의 자극이나 경험, 학습에 의해 얼마든지 신경세포의 연결을 재조직할 수 있다는 주장이 제기된 것이다.

하지만 뇌는 그렇게 고무찰흙처럼 쉽게 변화를 줄 수 있는 기관은 아니다. 특정 신체 부위의 근육을 단련시키면 그 근육이 발달하는 것처럼 사람의 뇌도 의식적으로 단련만 한다면 우리가 원하는 모습으로 얼마든지 바꿀 수 있다는 착각은 오랫동안 사회적 통념으로 자리 잡았다. 특히 선천적인 능력을 강조하는 숙명론에 대척점에 있던 학습지 시장이나 사교육 시장에서 선풍적인 인기를 끌며 이런 뇌의 가소성 신화가 유통되고 재생산되었다. 그러나 최근 연구 결과를 보면, 뇌과학은 이러한 장밋빛 기대와는 다른 방향의 결론을 내리는 것 같다. 어쩌면 변화를 견인할 만큼 뇌의 가소성이 충분치 않을 수가 있고, 도리어 한 사람이 사물을 바라보는 시각이나 외부와 상호 작용하는 방식 등을 결정하는 회로가 이미 유전자 속에 각인되어 있다는 믿음이 다시 부활하고 있기 때문이다.

정말 우리는 변할 수 있을까 — 가소성의 신화

우리 주위는 성장과 경쟁의 구호로 가득 차 있다. 개인은 좀 더 풍족한 재정적 이익과 쾌적하고 안정적인 주거환경을 위해 그리고 이윤을 추구하는 기업은 시장에서 살아남고 성장하기 위해 공격적인 목표를 정해 놓고 이를 달성하기 위해서 미친 듯이 달려 나간다. 국가도 예외가 아니다. 매년 경제 성장률 목표치를 설정하고 이를 위해 국가의 모든 역량을 총동원한다. 특히 우리나라는 사회 전체가 성장형 사고방식에 매몰되어 무한 경쟁의 시장에서 전쟁 아닌 전쟁을 치르고 있다.

이 사고방식이 우리 사회에 뿌리 깊게 자리 잡고 널리 퍼져 있다 보니, 인간이 가지고 있는 자유의지, 주체성 그리고 능력에 의해 어떠한 목표도 이룰 수 있다는 자만감이 팽배해 있다. 의지만 있으면 이룰 수 없는 것이 없으며, 안되면 되게 하면 된다는 자신감을 넘어선 오만함이 지배하고 있는 것이다. 하지만 이런 식의 자신감은 뇌과학적인 관점에서는 전혀 설득력이 없다. 우리의 뇌는 인간이 자유의지, 능력에 의해서 쉽게 변할 만큼 그렇게 단순하지도, 호락호락하지도 않다.

뇌를 너무 단순화하거나 평면화하는 오류를 범한 대표적인 예로서, 우리에게 널리 알려진 '포유류의 세 개 층의 뇌 모델' 가설이 있다. 이 가설은 미국의 물리학자이자 신경과학자인 폴

맥클래인Paul D. MacLean이 1960년대 최초로 고안해서 1990년 그의 저서 『진화에 있어서의 세 개 층의 뇌』를 통해서 자세히 소개되었다. 이 가설이 대중에게 널리 알려진 것은 미국의 저명한 천문학자인 칼 세이건Carl Sagang 박사의 저서 『공룡의 에덴동산』이라는 책을 통해서다. 하지만 1970년 이후 뇌과학 분야에 대한 좀 더 많은 연구가 진행함에 따라 이 가설이 뇌의 활동과 구조, 그리고 진화를 충분히 설명하기에는 부족함이 많다는 비판을 받게 되었고 2,000년 이후에는 뇌과학자들의 주류에서는 더 이상 이 가설을 크게 인정하지 않고 있다.

하지만 인간의 뇌는 발생학적으로 파충류의 뇌, 포유류의 뇌 그리고 이성의 뇌 순으로 진화되었다고 주장하며, 진화발생학적 관점에서 뇌조직의 형성과 그 기능들을 설명하였다는 점에서 큰 의미가 있다. 특히 단순하고 명료한 그의 가설은 누구나 이해하기 쉽고 또한 다른 사람에게 설명하기도 쉽기 때문에 아직도 뇌의 진화, 구조, 기능을 설명하는데 인용되거나 교재로 활용되고 있다. 잠시 그 내용을 들여다 보자.

먼저 뇌의 가장 깊숙한 곳에 위치하고 있고 진화론적으로 가장 오래되고 단순한 '파충류의 뇌' '본능의 뇌'라고 불리는 1층이 있다. 파충류에도 존재하는 가장 원시적인 뇌이므로 그렇게 불린다. 이 뇌는 태어날 때 이미 완성되며 소위 이성의 뇌라고 하는 대뇌피질의 명령 없이 스스로 일을 하며 체온유지, 심

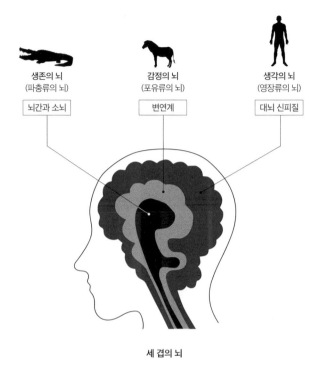

세 겹의 뇌

장박동, 호흡 등을 담당하고 있는 '생명 유지의 뇌'라고 할 수 있다. 그 위의 2층은 '감정의 뇌' '포유류의 뇌'라고 불리는 변연계다. 뇌간을 중심으로 주변부를 둘러싸고 있는 뇌 기관들을 총체적으로 일컫는 말이다. 이 부분은 보통 유아기인 2~3살이 되면 완성된다. 마지막 3층은 '이성의 뇌' '사고의 뇌'라고 불리는 대뇌신피질이다. 이 부분은 가장 최근에 진화하여 뇌의 제일 바깥을 둘러싸고 있으며 인간을 다른 동물들과는 다르게 구분하게 하는 회색의 주름진 물체이다. 그 위치에 따라서 전두엽, 두정엽, 측두엽, 후두엽의 네 개 부위로 나누어진다. 여기서 엽Lobe은 돌출부를 뜻한다. 개나 침팬지를 비롯해서 다른 포유류들도 이 피질이 있는데 인간의 것이 가장 크다. 인간이 보고, 듣고, 느낀 정보들을 분석하고 추론하고 이해하는 고도의 지적 과정이 가능한 것도 바로 이 피질의 덕분이다.

최근의 행동 과학적 연구 결과에 비추어 이 가설이 가지고 있는 허점으로는 포유류부터 가지고 있다는 변연계 구조가 포유류뿐 아니라 척추동물 전반에 걸쳐 존재한다는 사실이다. 그리고 포유류의 대표적인 특질로 알려진 자손에 대한 돌봄의 특질이 조류에도 존재하며 심지어는 일부 어류에서도 관측되었다. 또한 가장 늦게 발달하는 대뇌신피질의 경우, 비포유류 동물도 나름 대뇌피질 역할을 하는 외막 등의 기관이 있다는 것도 알려졌다.

뇌의 가소성에 대한 논의 역시 비슷한 현상이 벌어지고 있다. 위 가설처럼 너무 단순화되어 노력만 하면 원하는 대로 뇌를 바꿀 수 있다는 식의 그릇된 인식이 대중에게 전달되고 있는 것이다. 그러나 연구를 거듭할수록 뇌가 작동하는 방식은 우리가 기존에 알고 있었던 것보다 훨씬 복잡하다는 것을 알게 되었다. 뇌의 모든 영역들은 서로 얽히고설켜서 상호 작동할 뿐 아니라, 장기와 호르몬들과도 서로 영향을 주고받으며 긴밀히 연결되어 있다.

유전자에 각인된 유전 정보 및 단백질의 발현 메커니즘은 우리가 상상하는 것 이상으로 성격과 특질 형성에 강하게, 그리고 평생 영향을 끼치며, 유년기와 청소년기에 형성된 신경세포 연결 회로를 25세 이후에 수정한다는 것이 쉽지 않다는 주장들이 나오고 있다. 사람마다 가지고 있는 성향 유전자를 알고, 자기를 통제하고 더 나은 방향으로 나아가는 노력은 도움이 될지는 모르지만, 이로 인해 근본적으로 개인의 사고나 행동에 변화가 일어난다는 것을 담보할 수는 없다는 것이다.

그러면 이 모든 것을 유전자 탓으로 돌리고 그저 앉아서 다가오는 운명을 숙명처럼 받아들여야 할까? 단도직입적으로 유전자를 바꾸면 된다. 무슨 말도 안 되는 비약이냐고 힐난할 수 있겠지만, 원칙적으로는 그렇다는 말이다. 최근에는 유전자 편집CRISPR/Cas 기술을 사용하여 유전자를 저렴하게 그리고 쉽게 조작할 수도 있다. 그렇지만 성인의 유전자를 조작하기 위해서 몸을 이루는 모든 세포를 몽땅 치환해야 하는데 이는 불가능하다. 그럼 세포 분열을 하기 전 인간 배아에 유전자 편집 기술을 적용하면 어떨까? 이것 역시 위험하다. 특정한 행동이나 사고에 영향을 끼지는 유전자 염기서열을 찾아내는 것은 현재 기술 수준으로는 아직도 요원하다. 그럼 환각제인 LSD나 실로사이빈psilocybin 같은 약물을 사용해서 이전에 연결되지 않았던 새로운 신경세포 연결망을 만들어 사람의 성향을 바꾸는 시도는 어떨까? 이 방법이 기술적으로 가능한지의 여부를 떠나서 정상적인 사람에게 적용하기 위해서는, 약물사용을 위한 의학적, 법률적, 윤리적 연구가 더 필요할 뿐 아니라 동시에 사회적 동의와 지지 또한 절대적으로 필요하다. 그렇다고 미국 에모리대학 교수인 케리 레슬러의 생쥐 실험처럼 두개골을 열고 측좌핵에 전기침을 꽂고 돌아다닐 수도 없는 노릇 아닌가. 터무니없이 비현실적이며 일반인에게 시도할 수도 없는 공상에 가까운 방법이다.

• LSD •

향정신성의약품인 Lysergic acid Diethylamide의 약자로 환각제로서 체내 세로토닌에 관여하는 것으로 알려졌다. 환각 상태에서 보게 되는 다양한 시각은 평소에 억제된 시각처리 회로가 다른 뇌 영역들과 자유롭게 연결되면서 나타나는 현상이다. LSD를 통해 과거 기억이나 잘못된 신념을 재구성하게 함으로써 우울증, 외상후스트레스장애(PTSD), 강박증 등 정신과 치료에 도움을 줄 수 있다.

뇌의 가소성을 이용하여 인간을 변화시키기 위해 적용할 수 있는 가장 실제적이고 가능한 방법은 새로운 경험이나 기술을 연마함으로써 뇌 신경세포의 새로운 연결을 만드는 것이다. 우리의 뇌는 무언가를 반복적으로 지각함으로써 이와 관련된 신경세포의 연결을 강화시킨다. 반대로 다른 한편의 자극을 억제함으로써 그 부분의 신경세포 연결을 희미하게 만들 수 있다. 마치 사람의 발길이 끊어진 숲속 오솔길이 차츰 파묻히는 것처럼 말이다. 신경세포는 새로운 기억을 인코딩하기 위해 새로운 시냅스를 만들고 그렇지 않은 부분은 시냅스의 강도가 줄어든다. 이처럼 새로운 것을 배우고 연마하면 뇌의 신경구조에 서서히 변화가 일어날 수 있다. 이러한 프로세스는 뇌의 전반에서 일어난다. 물론 이 과업은 매우 점진적이고 지난한 과정을 포함한다. 뇌는 일생동안 상대적으로 변형이 가능한 유동적 상태지만, 뇌의 구성 형태나 구조는 사실상 고정되어 있기 때문이다. 기다란 백질white matter과 뇌량corpus callosum은 뇌의 발달이 이루어지는 초기에 대부분 완성된다. 그래서 20대 중반쯤 되면, 뇌는 완전히 발달하여 고착되고, 그 이후부터는 미세한 조정 작업만이 가능해진다. 물론 뇌의 가소성으로 기능을 향상시킬 수는 있지만, 시간과 노력이 많이 들고 상대적으로 효과는 제한적이다. 하지만 어찌하랴! 생각과 행동을 변화시키기 위해서는 학습을 강화하고 이를 반복하고 인코딩화하여 이를 기억하고 더 나아가 그 기억을 반복적으로 끄집어냄으로 습관화해야 한다. 특히, 성공에 대한 경험은 각별하다. 이를 반복하게 하는 것도 매우 효과적인 방법이다. 먼저 작지만 강력한 성공을 경험하게 함으로써 신경세포 연결망을 효과적으로 변화시킬 수 있다. 비록 굵직하게 형성되어 있는 기존 신경세포망 패턴을 단시일 내에 급격히 변하게 할 수는 없지만, 성공의 즐거운 쾌감을 일으키는 보상 회로까지 동원함으로써 견고하기만 하던 기존의 신경세포 연결망의 패턴을 서서히 변화시킬 수 있다. 앞에서 언급한 전설적인 댈러스 카우보이팀의 코치 톰 랜드리가 한 것처럼 시합에서 잘한 장면들을 모아서 선수들에게 보여줌으로 본인들의 장점을 스스로 깨닫고 더욱 그 기술을 발전시키고 극대화하도록 유도하는 것도 같은 맥락이다.

뇌를 속이기 — 보상 네트워크 이용하기

보상 네트워크를 이용하여 뇌를 변화시킬 수 있다. 뇌가 작동하는 이면에는 바로 이 보상 시스템이 깊게 연관되어 있다. 많은 사람이 이 시스템이 '단지 즐거운 자극이 있으면 반응하고 그렇지 않으면 활성도가 떨어진다.'라고 알고 있는데, 사실 보상 시스템이 그렇게 단순한 것만은 아니다. 우선 사람마다 보상 시스템이 활성화되는 자극의 종류가 다를 수 있다. 골프를 즐기는 사람에게는 주말 골프가 즐거운 자극제가 된다. 푸른 골프장에서 시원한 바람을 맞으며 친구들과 18홀을 도는 자신을 상상하면 컨트리클럽까지 장거리 운전을 해야 하는 피곤함 따위 안중에도 없게 된다. 그러나 골프를 즐기지는 않지만 업무상 주말마다 골프를 쳐야 하는 사람에게는 골프 그 자체가 스트레스다.

보상 시스템은 우리가 알고 있는 것처럼 단순히 좋은 기분을 느끼기 위한 것만은 아니다. 그보다는 좀 더 근원적인 생존과 번식의 가능성을 높이기 위해 노력해야 하는 행위에 이 시스템이 작동한다.

일반적으로 하나의 신경세포는 주위의 다른 신경세포들과 약 만 개의 시냅스 연결을 가지고 있다. 그러나 이 보상 시스템을 구성하는 신경세포는 그것의 50배 즉, 50만 개 이상의 시냅스 연결을 가지고 있다. 이처럼 보상 시스템은 뇌의 많은 다른 영역들이 서로 연결되어있으므로, 이 시스템을 이해하기 위해서는 뇌의 어떤 특정한 부분이 아닌 뇌 전체적인 맥락에서 접근해야 한다.

뇌과학의 역사는 보상 체계의 연구와 그 궤적을 함께 해왔다. 그럼에도 불구하고 21세기 초가 되어서야 우리 인간의 보상 시스템이 단지 배고픔이나 성욕 같은 1차적인 생존을 위해서만 작동하는 것이 아니라는 사실이 밝혀졌다. 예컨대 돈과 같은 물질적인 보상뿐 아니라 사회적 인정과 자아실현과 같은 비물질적인 요소들에 의해서도 얼마든지 활성화될 수 있다고 한다. 이를테면 분배의 공정성이나 투명한 정보의 공유, 평등의 실현, 배움에 대한 기회 등과 같은 추상적인 요소들도 보상 시스템의 단추를 켤 수 있다.

이는 기업 차원의 마케팅 전략 수립이나 경쟁력 있는 인사 정책을 펴는 데도 중요한 단초를 준다. 소위 기업의 사회적 책임에 대한 비전과 행위가 그 기업이 제공하는 제품 및 서비스의 매출 성장과 무관하지 않으며 우수한 인력 리크루팅과 고용 유지 면에도 영향을 미친다는 것이다. 대표적인 마케팅 회사인 콘커뮤니케이션즈Cone Communications의 조사 결과에 따르면, 설문에 응답한 M세대 중 봉급이 줄더라도 사회적 책임을 다하는 기업에 근무하겠다고 응답한 비율이 무려 75퍼센트에 달한다고 한다. 매우 추상적인 가치나 자기계발과 같은 비물질적인 요소들이 높은 봉급과 같은 물질적인 요소 못지않게 회사를 선택하는 중요한 동기가 된다는 것을 알 수 있다.

개인의 행동이나 생각을 보상 시스템을 통해서 변화를 주기 위한 방법으로는 현재 보상 시스템이 가지고 있는 방정식을 바꾸는 것보다(성과가 있기는 하지만 매우 제한적이다) 새로운 선택을 역제안함으로 다른 방향에서 현재의 보상 시스템을 자극하는 것이다. 예를 들면 여기에 케이크를 유달리 좋아하는 사람이 있다. 고칼로리의 케이크가 몸에 좋지 않다는 걸 모르는 사람은 없다. 그러나 다이어트를 한답시고 평소의 섭취량 300그램을 줄여 하루 100그램만 먹는다면 십중팔구 다이어트에 실패한다. 매일 다짐하고 또 다짐하지만 매번 먹음직스런 케이크 앞에서 무너지고 만다.

　대부분의 다이어트가 실패하는 이유는 이처럼 뇌의 보상 시스템을 억지로 이기려고 하기 때문이다. 기존에 가지고 있던 보상 시스템의 방정식을 일부 수정한 이러한 행위는 실효성이나 영속성이 없다. 케이크가 주는 보상으로서의 달콤함에 취한 뇌는 계속 케이크를 원하기 때문이다. 케이크 대신 로컬 푸드를 다른 선택으로 제안한다면, 물론 케이크처럼 달콤하지는 않지만, 우선 건강하고 매력적인 몸매를 가질 수 있다는 생각으로 인해 보상 시스템을 자극할 수 있다. 나아가 자신의 잘못된 욕구(?)를 통제하고 있다는 것에 대한 자신감으로 인한 또 다른 보상 시스템을 자극 할 수 있다. 그야말로 금상첨화이다.

　적절한 목표를 주고 이것을 스스로 달성하게 하는 것도 보상회로를 활성화시키는 좋은 동기부여 방법이다. 연구 결과에 따르면 인간은 새로운 문제를 해결하는 그 자체를 즐기며 이때 뇌의 쾌락 지수가 증가한다고 한다. 문제를 스스로 해결해 가는 그것 자체가 보상이 되는 것이다. 심지어 해결 방안을 알려주지 않거나 사전에 보상을 약속하지 않더라도 뇌의 '보상 신경 세포망 시스템'은 활성화 된다. 즉 뇌는 어떠한 물질적 보상보다는 문제를 해결하는 그 자체를 즐긴다. 미국 칼텍Caltech의 행동주의 경제학자인 코린 카멜러Colin Camerer의 최근 연구 결과에 따르면, 질문을 받은 여러 피실험자 중에서 그 질문에 대한 정답을 계속 찾기 위해 노력하는 사람일수록 '보상 신경 세포망 시스템'이 강하게 활성화된다는 것이 밝혀졌다. 문제 해결을 위한 과정이 힘들어서 '감정 신경 세포망 시스템'이 부정적으로 활성화될 것으로 예상했지만 그렇지 않다는 것이다.

사람들은 비난보다는 칭찬을 좋아한다. 그러나 불행히도 비난이나 질책이 칭찬보다 뇌에 미치는 영향이 더 강하다. 칭찬을 받으면 보상 신경 네트워크가 활성화되어 옥시토신이 분비되어 혈액 속에 약 5분 정도 지속된다. 반면에 스트레스로 인한 코르티솔의 효과는 1시간을 넘어서 2시간까지 지속된다. 이러한 특성은 인간이 야생 상태의 황량한 환경에서도 생존을 유지하기에 유리하다. 생존을 위해서는 위협이나 위험이 완전히 사라질 때까지는 긴장을 늦추지 않아야 하기 때문이다.

상대방을 배려하고 칭찬하는 것은 일상적으로 있는 사회적 규범이라 뇌에게는 새삼 새로운 것이 아니다. 그러나 비난을 들었을 때는 경우가 다르다. 상대방이 사회적 규범을 넘어서까지 잘못을 지적하는 것은 뇌에게는 새로운 사실이고 이것에 대해서 주의를 집중하며 무엇이 위협적인 위험 요인인지를 찾기 시작한다. 여기서 문제는 위험 요인을 상상하고 예측한다는 것이다. 위험 요인이 사소하거나 없는데도 불구하고 뇌는 상상의 나래를 펼쳐서 허구의 요인을 만들어 내고 이것 때문에 갈등하고 두려워한다. 비난은 이와 같이 단기적으로는 바람직하지 못한 생각이나 행동을 변화시키는 데는 효과가 있겠지만 장기적이고 혁신적인 변화를 도모하기에는 적절한 방법이 아니다. 더욱이 비난으로 인해 생기는 망상은 더 위험하다.

이제 기업과 같은 조직 아래에서 개인의 보상 신경 시스템이 어떻게 영향을 받는지를 알아보자. 공정하지 못한 직장 환경이 직원들의 보상 신경 시스템에 어떠한 부정적인 영향을 미치는지에 대하여 유의미한 뇌 실험 결과가 있다. 팀원들이 공동으로 일하여 받은 급여를 A란 직원이 가지고 있고, 이 A는 이 공금을 팀원들에게 나누어 줄 수 있는 권한이 있다. 팀원들에게 나누어 주는 동안 A의 보상 신경 세포망 시스템의 활성도를 측정했다. 각 직원들에게 얼마씩 나누어 주는지는 오직 A만이 알고 있고 다른 사람들은 얼마씩 나누어졌는지 알 수가 없다. 실험 결과, 팀원들에게 후하게 그리고 공평하게 분배했을 때는 A의 보상 신경 세포망 시스템의 활성도가 높게 나타났다. 반면에 사전에 배분 금액이 이미 정해졌거나 또는 어쩔 수 없는 상황으로 인해 공평하게 분배가 되지 않았을 때는 A의 보상 신경 세포망 시스템의 활성도가 떨어졌다. 심지어 A 본인의 몫이 다른 사람보다도 더 많은 경우에도 활성도가 떨어졌다. 결국 A의 보상 시스템에 영향을 끼치는 것은 금전적인 이익이나 손해보다는 배분의 공정성 여부였다.

　뇌의 가소성을 이용하여 뇌를 긍정적인 방향으로 변화시키기 위해서는 뇌의 보상 신경 시스템을 최대한 효과적으로 이용해야 한다. 기업을 비롯하여 조직 차원으로는 구성원 개인의 뇌 보상 신경 시스템이 최대한 활성화될 수 있도록 환경을 갖추는 것이 중요하다. 이를 위해 개인이 관심이 있는 분야에 참여할 수 있는 기회가 공정하게 제공되어야 하며 그들이 이룬 성과에 대해서 조직 내에서 정당한 평가와 인정을 받을 수 있는 시스템을 만드는 노력을 해야 한다.

뇌과학은 모든 경영자의
필수 과목이어야 한다

먼저 졸저를 읽어주신 독자 분들께 감사의 말씀을 드린다. 사실은 1년 전쯤 출간을 목적으로 자료를 수집하고 원고를 준비해 왔지만 중간중간에 드는 회의감으로 인해서 출간이 차일피일 늦어졌다. 전문적인 뇌과학자도 아니고 그렇다고 경영에 대한 학문적 지식이 깊은 사람이 아니어서 뇌과학과 경영에 대한 책을 집필한다는 것이 두렵기도 하고, 독자들에게 어떤 가치가 있을까 하는 걱정이 앞섰기 때문이었다. 그러던 중에도 다시 마음을 잡고 집필을 시작할 수 있었던 것은 실제 비즈니스 현장에서 조직을 이끌고 직원들을 코칭하면서 겪은 생생한 경험들을 공유하고자 하는 욕심이 앞서서이다.

　뇌과학 전문가들은 비즈니스와 경영에 대한 이해가 부족하고, 경영전문가들은 반대로 뇌과학에 대한 이해가 부족한 게 현실이다. 비록 두 분야 모두 학문적 깊이는 부족하지만 뇌과학적인 관점에서 기업조직과 구성원들의 행동을 해석하고 적용할 수 있다는 점이 현재 나의 장점이 아닐까 하는 깨달음이 있었다. 필자가 기업을 경영하면서 동시에 뇌과학에 깊은 관심을 갖다보니 전문적인 뇌과학자나 경영학자가 미처 보지 못한 각자가 놓치고 있는 맹점을 볼 수 있었고, 실제 이것이야말로 필자의 강점이겠다 싶었다.

　조직에서 리더의 역할은 참으로 중요하다. 리더에게 요구되는 여러 가지 덕목과 자질이 있는데, 그 중에서 가장 중요한 일이 최고의 성과를 내며 신나게 일하는 조직을 만드는 것이 아닐까 싶다. 이 책은 오로지 그러한 용도로 사용되기를 원한다. 여러 독자분들이 이 책을 읽는 동안에 조금이나마 뇌과학을 이해하고 경영 일선에 적용할 수 있는 지점들을 발견하기 바란다.

　필자는 이 책에서 뇌의 구조 및 기능을 비롯해서 신경 전달 원리, 그리고 우리가 상식적으로 알고 있는 것과 사뭇 다른 뇌의 실체에 대해 간략하게 설명했다. 개인이나 기업이 가지고 있는 문제점에 대해서는 다양한 뇌과학적인 접근법과 필자의 실제 경험을 인용하여 최대한 쉽게 방안을 제시했다. 그 중에는 네 가지 주요 신경 네트워크 개념이나 네 가지 다른 업무 스타일 같이 최근 연구 결과를 반영한 것도 있지만, 뇌 호르몬과 주요 기질과의 관계 같은 전통적인 연구 결과도 인용하고 있다. 이렇게 뇌과학의 과거와 현재를 왔다 갔다 하면서 이 이론 저 이론을 인용하다 보니 설명이 다소 중구난방인 면도 있다. 굳이 변명하자면, 뇌에 대한 연구 분야가 방대하고 아직도 논쟁 중인 이론들이 부지기수로 있으며, 여러 분야의 연구자들이 다양한 방법으로 접근하고 있는 중이라는 게 필자의 궁색한 핑곗거리가 될 것 같다.

이 책에서는 다루지 않았지만 인간의 생물학적인 뇌를 모방한 인공지능 분야는 우리가 좀 더 많은 관심을 가져야 할 필요가 있다. 인공지능 알고리즘을 고성능 컴퓨터에서 실행하여 실제 뇌 활동을 시뮬레이션하거나 뇌 신경세포를 배양하여 정밀 분석하는 프로젝트들도 이미 전 세계적으로 활발히 진행되고 있다. 이를 통해 좀 더 인간의 뇌에 대한 이해가 가속화될 것으로 기대가 된다.

마지막으로 이 책이 비즈니스를 운영하고 회사를 경영하는 데에 있어 주체가 되는 직원 개인들을 올바로 이해하고 효과적으로 코칭하는 데 조금이나마 도움이 되었으면 더할 나위 없이 기쁠 것 같다.

참고문헌

단행본 및 잡지

김병곤,『퓨처 드림』, 피톤치드(2019)

김현철,『트릿』, 피톤치드(2021)

데이비드 이글먼,『더 브레인: 삶에서 뇌는 얼마나 중요한가?』, 전대호 역, 해나무(2017)

딘 버넷,『뇌 이야기』, 임수미 역, 미래의창(2018)

마커스 버킹엄, 커트 코프만,『유능한 관리자』, 한근태 역, 21세기북스(2006)

에드워드 윌슨,『창의성의 기원: 인간을 인간이게 하는 것』, 이한음 역, 사이언스북스(2020)

에릭 캔델, 래리 스콰이어,『기억의 비밀』, 전대호 역, 해나무(2016)

조나 레러,『뇌는 어떻게 결정하는가』, 박내선 역, 21세기북스(2016)

크리스 베일리,『그들이 어떻게 해내는지 나는 알고 있다』, 황숙혜 역, 알에이치코리아(2016)

한나 크리츨로우,『운명의 과학 운명과 자유의지에 관한 뇌 과학』, 김성훈 역, 브론스테인(2020)

Daniel Ariely et al., "Large Stakes and Big Mistakes", Review of

Economic Studies, VOL.76(2009)

Harvard Business Review, "The Brain Science Behind Business", Harvard Business Review(HBR), 2019(January)

Jesse LeRoy Conel. The postnatal development of the human cerebral cortex. Cambridge, MA: Harvard University Press:1975.

Marcus Buckingham, Ashley Goodall, "The feedback fallacy", HBR, 2019(March)

Paul Hammerness and Margaret Moore, "Train your Brain to Focus", HBR, 2012(January)

Paul J.H. Schoemaker, Steve Krupp, Samantha Howland, "Strategic leadership(the essential skills)", HBR, 2013(January)

P.L. Broadhurst, "The Emotionality and the Yerkes_odson law", Experimental Psychology, no.54(1957)

기타

Wikipedia, https://ko.wikipedia.org/
　　　　　인간게놈프로젝트, 신경세포, mbti, fMRI, Atkins_diet, 월터
　　　　　캐넌, 거울신경세포, 마음이론, 여키스도슨법칙, 삼이일체뇌
Doopedia, https://www.doopedia.co.kr/ 시냅스
http://www.urbanchildinstitute.org/why-0-3/baby-and-brain
YOUTUBE, https://www.youtube.com, EBSCulture, "세상의 모든 법칙 - 벼락치기는 정말 효과가 있을까?"
YOUTUBE, https://www.youtube.com, 캐내네 스피치, "세대소통, 어떻게 할까?
박미용, "무엇이 남과 나를 다르게 만드는 것일까? (상)", 사이언스타임

즈, 2008년 3월 6일자.

디지털밸리뉴스, "지식기반사회란 무엇이고 그 특징은?", 디지털밸리뉴스, 2012년 9월 10일자.

고영태, "한국 근로자, OECD 평균보다 한 달 반 더 일하는데…", kbsnews, 2019년 4월 30일자.

노승욱, 나건웅, "Z세대가 온다: 밀레니얼 세대와 닮은 듯 다른 신인류 스마트폰 쥐고 자란 '포노 사피엔스'", 매일경제, 2019년 6월 14일자.

뉴스1, "韓 근로시간 OECD 5위…야근시간 첫 10시간 밑으로 줄어", donga.com, 2019년 12월 18일자.

도대체 왜 직원들은 변하지 않는 거야?

뇌과학으로 경영하라

1판 1쇄 | 2021년 12월 20일

지은이 | 김경덕
펴낸이 | 박상란
펴낸곳 | 피톤치드

디자인 | 김다은   교정 | 강지희
경영·마케팅 | 박병기
출판등록 | 제 387-2013-000029호
등록번호 | 130-92-85998
주소 | 경기도 부천시 길주로 262 이안더클래식 133호
전화 | 070-7362-3488
팩스 | 0303-3449-0319
이메일 | phytonbook@naver.com

ISBN | 979-11-86692-72-1 (03320)